小さなモチーフでやさしくレッスン
CROCHET LACE FOR BEGINNERS
はじめてのレース編み

河合真弓

CONTENTS

この本で編める作品

基本を覚える小さなモチーフ
*7つのモチーフ……5

小さなモチーフから作るアクセサリー
*お花のブローチ……6

*花や葉のラリエット……8

*モチーフ＋ビーズのラリエット……10

くさり編みと長編みで作る方眼編み
*大小のコースター……12

*ダイヤ柄のミニマット……13

*バラ模様のミニストール……14

*ファスナーつきポーチ……15

中心から編む円形のレース編み
*大小のモチーフ……16

*小さなドイリー……17

モチーフをつないで
*ひし形と丸い形のミニマット……18

*大小モチーフのミニストール……19

くさり編みとこま編みで作るネット編み
*白いスペアカラー……20

*ひも結びの巾着……21

*ボタンどめのポーチ……21

*ネット編みの三角ショール……22

定番のパイナップル編み
*ドイリー3種……24

*曲線ラインのミニストール……26

*斜め方向に編むミニストール……27

ブレードで形作るブリューゲルレース
*ブレード＋モチーフのミニマット……28

*ミニマットとコースター……29

レース編みのエジング（縁飾り）
*ハンカチのエジング……30

*布製ストールのエジング……32

*エジングのサンプル……33

レース編みの基本

《CHAPTER*1 糸と針について》……34
●糸の種類 ●糸の太さによるサイズの違い
●レース針とかぎ針 ●針の種類

《CHAPTER*2 編み方記号図の見方》……36
●編み目記号 ●編み目の高さ
●立ち上がりのくさり編み
●「平編み」と「中心から円に編む」
●束に編む ●次の段への移り方

《CHAPTER*3 編み始める前に》……38
●糸端の出し方 ●糸のかけ方、針の持ち方

モチーフを編んでみましょう

《LESSON*1 四角形のモチーフ》……39
●くさり編みの作り目 ●くさり編み
●長編み ●糸の始末

《LESSON*2 三角形のモチーフ》……43
●長編み2目一度 ●長編み4目一度

《LESSON*3 円形のモチーフ》……44
●糸端を輪にする方法
●引き抜き編み ●長編み2目編み入れる

《LESSON*4 小花のモチーフ》……46
●こま編み ●中長編み3目の変形玉編み

《LESSON*5 立体花のモチーフ》……48
●束に編む ●中長編み ●立体に編む
●長々編み

《LESSON*6 編み玉のモチーフ》……51
●こま編み2目編み入れる ●こま編み2目一度
●編み玉の仕上げ、糸の始末

《LESSON*7 葉のモチーフ》……53
くさり編みの作り目の上下に編む

方眼編みで「束に編む」を編んでみましょう……54

方眼編みで「縁編み」を編んでみましょう……55

モチーフで「次の段への移り方」を覚えましょう……57

その他の編み目記号の編み方、テクニック……60

「ビーズの編み込み」を覚えましょう……62
●糸にビーズを通す
●ビーズの編み込み方
・くさり編み1目にビーズ1個を編み込む
・くさり編み1目にビーズ3個を編み込む
・こま編み1目にビーズ1個を編み込む
・長編み1目にビーズ1個を編み込む

糸をつける……64

糸の足し方……64

ゲージについて……65

技法別にテクニックを覚えましょう

技法*1 モチーフつなぎ……66
●モチーフとモチーフを引き抜き編みでつなぐ
●先につないだモチーフの引き抜き編みにつなぐ

技法*2 ブリューゲル編み……68

作品の編み方ポイント……70
●15ページのポーチ ●29ページのコースター
●32ページの布製ストールのエジング
●30ページのハンカチのエジングa

仕上げ方……76
●アイロン仕上げ ●のりづけ仕上げ

豆知識-❶　ラベルやカバーの保管……34

豆知識-❷　すべりのよい糸のかけ方……38

豆知識-❸　くさり編みの表と裏……39

豆知識-❹　ネット編みの糸の始末……42

豆知識-❺　とじ針、はさみのこと……53

豆知識-❻　ビーズ通し針がないとき……62

豆知識-❼　くさり編みの作り目を編みすぎた……64

豆知識-❽　編み地が斜行する……65

豆知識-❾　編み目記号の見分け方
　　　　　「目に編む」と「束に編む」……108

作品の編み方……78 〜 111

編み目記号　INDEX

〇　くさり編み……39

　　くさり編み 3 目のピコット……59

　　くさり編みに編むピコット……60

　　くさり編みに編むピコットを連続で 3 回編む……60

×　こま編み……46

　　こま編み 2 目編み入れる……51

　　こま編み 2 目一度……52

　　こま編みのすじ編み……61

X　前段の目と目の間にこま編みを編む……61

　　前段と前々段のくさり編みを編みくるむこま編み……61

┬　中長編み……49

　　中長編み 3 目の変形玉編み……46

┬　長編み……40

　　長編み 2 目一度……43

　　長編み 2 目編み入れる……45

　　長編み 3 目一度……58

　　長編み 4 目一度……43

　　長編み 2 目の玉編み……88

　　長編み 5 目のパプコーン編み……61

┬　長々編み……50

●　引き抜き編み……45

この本で編める作品
基本を覚える小さなモチーフ

＊7つのモチーフ

小さなモチーフにはレース編みの基本がギュッと詰まっています。それぞれのモチーフの編み方を覚えると、このあとに紹介している作品もスムーズに始められます。

編み方
四角形→39ページ、三角形→43ページ
円形→44ページ、小花→46ページ
立体花→48ページ、編み玉→51ページ
葉→53ページ

小さなモチーフから作るアクセサリー

a

＊お花のブローチ

5ページの花や葉、編み玉などに円形の土台を編めばブローチに。aのブローチの手前にあるモチーフは、aを作るためのパーツ。b〜dも同じ要領で作っています。編み方の練習をしながら、糸や色をかえてアレンジを楽しみましょう。

編み方→78ページ

＊花や葉のラリエット

モチーフをそれぞれ編んでおき、ラリエットの本体（くさり編み）を編むときに引き抜き編みで葉をつなぎます。花や編み玉は葉を目印にとじつけていくので、とても簡単に作れます。

編み方→80ページ

＊モチーフ＋ビーズのラリエット

ここでは「ビーズの編み込み」というテクニックを加えました。適度な重さがあるビーズを使うと、身につけたときの垂れ感が素敵です。5ページのモチーフと同じ糸で編んでいるので、習作のモチーフがそのままラリエットに使えます。

編み方→82ページ

くさり編みと長編みで作る方眼編み

✽大小のコースター

ボーダーや四角のシンプルな透かし柄です。aとb、cとdはそれぞれ同じ編み方で糸をかえました。ミニマットとして、アクセサリーを置いて飾ったりしても素敵。

編み方→84ページ

＊ダイヤ柄のミニマット

マス目を長編みで埋めて、幾何学模様を作ります。方眼編みは、長編みの高さを同じにして編むのがきれいにできるコツ。模様単位で増やせば大きなサイズにもなり、アレンジもしやすいでしょう。

編み方→85ページ

＊バラ模様のミニストール

中央から上下に編むデザインです。端は連続で長編みを編んでしっかりさせているので、縁編みを編む必要もありません。目を減らしたギザギザの部分は、アイロンできちんと形を整えましょう。

編み方→86ページ

＊ファスナーつきポーチ

ファスナーにある穴に直接編みつけ、底に向かって編んでいくので、でき上がったときの編み地の見え方がかわります。花模様の花芯部分は、パプコーン編みで立体的にしました。
この作品の編み付けファスナーは、生産を終了しています。
詳しくは編み方88ページをご覧ください。

編み方→88ページ

中心から編む円形のレース編み

＊大小のモチーフ

クッションや布バッグなどに縫いつけて、オリジナルの作品作りに活躍します。aとb、cとdはそれぞれ同じ編み方で糸をかえました。大きい方はコースターに使えるサイズです。

編み方→87ページ

＊小さなドイリー

直径15cmぐらいの大きさです。段数が少ないので、モチーフの延長線上で編めます。中心から広がる模様はaは8回、bは12回くり返したもの。編むことに慣れてきたら、ぜひ編んでみてください。

編み方→a 90ページ、b 91ページ

モチーフをつないで

＊ひし形と丸い形のミニマット

どちらもひとつのモチーフは円形ですが、つなぐ枚数で完成の形がかわります。2枚めのモチーフから編みつないでいくので、つなぐ位置を間違えないように注意して編みましょう。

編み方→a 92ページ、b 93ページ

＊大小モチーフのミニストール

18ページのミニマットより少し難易度を上げ、2種類のモチーフを使いました。どちらも引き抜き編みでつなぎますが、小さなモチーフは針の入れ方が2通りあります。写真を参照してつないでください。

編み方→94ページ

くさり編みとこま編みで作るネット編み

＊白いスペアカラー

最初は1ループを「くさり編み2目＋こま編み1目」で編み、ループの数はかえずにくさり編みを3目、4目と増やして放射状の形に。後半は長編みで扇のような模様を加え、最終段はスカラップのラインになっています。

編み方→95ページ

＊ひも結びの巾着

底と側面の一部をこま編みでしっかりさせ、他はネット編みをメインにした軽やかな透かしの模様に。ひもはネットの間をくぐらせて通すので、とても簡単です。

編み方→96ページ

＊ボタンどめのポーチ

1枚の編み地を二つ折りにし、わきをかがるとペタンコな袋ができます。ふたは山形に編む模様を生かして引き抜き編みで目を移動させ、目数を減らして三角の形にしました。

編み方→98ページ

＊ネット編みの三角ショール

くさり編み1目から編み始めて最終段は80ループになる大作です。縁編みはえりまわりはシンプルに、その他の二辺は華やかな模様を編みつけます。くさり編みのピコットもいっぱい入っていますから、時間をかけてていねいに編んでください。

編み方→100ページ

定番のパイナップル編み

＊ドイリー 3種

すべて同じ編み方で、aとbは同じ太さの糸にし、aは周囲にビーズを編み込みました。cは細い糸を使っています。インテリアレースとして飾ったり、aは適度な垂れ感からジャグカバーに。

編み方→101ページ

＊曲線ラインのミニストール

2つ並んだパイナップルの模様は、中央から左右対称の形に。端で立ち上がるくさり編みは目数を増やしてループにし、縁編み不要のデザインにしています。

編み方→102ページ

＊斜め方向に編むミニストール

片方の端はパイナップルの模様に沿って目を減らし、もう片方はパイナップルの模様を新たに編み出すようにして、全体を斜めに編み進みます。模様に編み慣れると、編むのが楽しくなる作品です。

編み方→103ページ

ブレードで形作るブリューゲルレース

＊ブレード＋モチーフのミニマット

外側から内側の順に編むデザインで、ブレード自体は平編みでテープ状のものです。つなぎ方で丸い形になり、ブレードとモチーフで色をかえて好みのマットにすることもできます。

編み方→104ページ

＊ミニマットとコースター

マットは1本のブレードでカーブを作りながら折り返し、編み進めて長方形の形に。コースターはブレード1本ずつを編みつなぎながら5本で完成します。わかりやすいように3色の色で作りました。

編み方→106ページ

レース編みのエジング（縁飾り）

＊ハンカチのエジング

直接、編みつけができるネットがついているハンカチを使いました。模様に合わせてネットの数を調整する箇所がありますが、布に穴をあけて編みつける手間がなく、便利です。aは1段、bは2段と少ない段数で、きれいなエジングができました。

編み方→a 108ページ、b 109ページ

＊布製ストールのエジング

市販の生地でストールを作り、両端に別に編んでおいたエジングを縫いつけました。エジングは一筆書きのように編み進め、スカラップのラインを描きます。

編み方→110ページ

＊エジングのサンプル

32ページと同様に、縫いつけるエジングのサンプルです。a〜c、d〜fはそれぞれ同じ編み方で、糸をかえて編みました。縫いつける布の厚さや雰囲気に合わせて、糸を選ぶといいでしょう。d〜fはフリンジのようにゆらゆら揺れるエジングです。

編み方→111ページ

レース編みの基本
糸、針、編み方記号図の見方など、レース編みの基礎知識を紹介しています。

《 CHAPTER＊1　糸と針について 》

●糸の種類

本書で使用した糸は綿100％。レース糸は30番、40番など糸の太さを表す「番手」で売られている糸が中心です。番手の数字が大きくなるほど細く（30番より40番が細い）、以前はレース針用のみでしたが、最近はかぎ針で編む太いレース糸もあります。糸を巻いてある紙芯は、かたいものとやわらかいもの（芯の外し方ガイドつき）があり、それぞれ扱い方が異なります（38ページ参照）。

この本で使用した糸は写真の左上からエミーグランデ、金票レース糸（18番、30番、40番、70番）、エミーグランデ＜ハーブス＞、エミーグランデ＜ハウス＞。詳しくは下記の「糸の太さによるサイズの違い」を参照。

協力／オリムパス製絲株式会社

豆知識 - ❶

ラベルやカバーの保管

レース編みの糸の中には、かぎ針でウエアやウエア小物などを編めるものがあり、洗濯するときの情報が明記されています。なくさないように保管しておきましょう。

●糸の太さによるサイズの違い

この本で使用した糸は全部で7種類。番手を糸名にしているレース糸と、少し甘撚り（複数の糸を合わせてねじる）のエミーグランデの大きく2つにわかれます。番手は国産と輸入では太さが異なることがあるので、ラベルに表示されている適正号数の針で編みましょう（写真は実物大。モチーフの編み方記号図は46ページを参照）。

❶ エミーグランデ
20番相当のレース糸。0～2/0号でレース編み、かぎ針編みに対応。豊富な色数で50g玉巻（白、生成り、黒は100g玉巻あり）。同じ糸で10g玉巻のエミーグランデ＜カラーズ＞もある（白、生成り、黒はエミーグランデと同じ色。その他は異なるが色数は豊富）。インテリアレースだけでなく、ウエアやウエア小物にも使える。

❷ エミーグランデ＜ハーブス＞
エミーグランデと同じ糸で20g玉巻。ナチュラルカラーやニュアンスのあるやわらかな色合いが特徴。

❸ 金票18番レース糸
50g玉巻で白、黒、赤、黄色など9色がある。レース針は0～4号。

❹ 金票30番レース糸
20g、100g玉巻があり、色は白のみ。レース針は4～6号。

❺ 金票40番レース糸
レース糸の代表的な番手。色数も豊富にあり、色によって10g、50g、100g玉巻がある。レース針は6～8号。

❻ 金票70番レース糸
20g玉巻で色は白のみ。レース針は10～12号。

❼ エミーグランデ＜ハウス＞
エミーグランデのシリーズで、かぎ針で編む一番太いレース糸。かぎ針は3/0～4/0号、1玉は25g玉巻。

●レース針とかぎ針

レース糸を編むための針で、太いレース糸にはかぎ針を使います。針全体が金属製のものがありますが、写真のように針を持つ部分がクッショングリップのものは長時間編んでも疲れにくい利点があり、はじめての方におすすめです。

針先にカバーがついている針を使う場合は、カバーをなくさないように。使わない間、細い針先を大切に保護します。

協力／チューリップ株式会社

●針の種類

レース針は0号が一番太く、2号、4号、6号と数字が大きくなるほど針は細くなります。逆にかぎ針は2/0号が一番細く、3/0号、4/0号と数字が大きくなるほど針は太くなります。この本で使用したレース針は一番細くて12号。14〜16号は34ページの金票70番レース糸よりも細いレース糸を編むときに。

かぎ針（実物大）

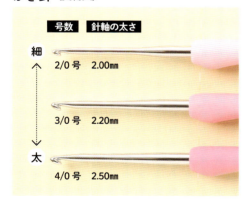

号数	針軸の太さ
2/0号	2.00mm
3/0号	2.20mm
4/0号	2.50mm

細 ↑ ↓ 太

レース針（実物大）

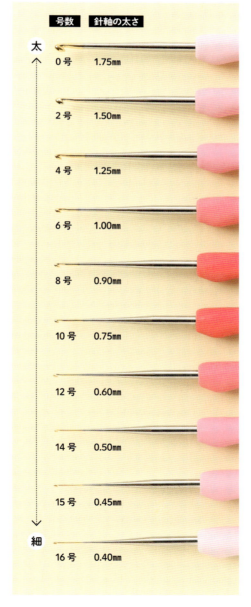

号数	針軸の太さ
0号	1.75mm
2号	1.50mm
4号	1.25mm
6号	1.00mm
8号	0.90mm
10号	0.75mm
12号	0.60mm
14号	0.50mm
15号	0.45mm
16号	0.40mm

太 ↑ ↓ 細

※レース編みは糸と針のほかに、とじ針とはさみが必要です（53ページの「豆知識-❺ とじ針、はさみのこと」を参照）

おすすめの針セット

さまざまな太さの編み針、とじ針、はさみなどが入っていて、持ち運びにも便利です。このケースに入れておけば、針をなくすこともありません。

レース針×かぎ針のセット

レース針（0〜8号）、かぎ針（2/0〜6/0号）にとじ針、はさみが入っていて、はじめての方でもレース編み、かぎ針編みが楽しめます。

レース針のセット

レース針（0〜14号）、とじ針、はさみ、ものさしが入っています。レース編みをもっと楽しみたい方に。

かぎ針のセット

かぎ針（2/0〜10/0号）、とじ針、はさみ、ものさしが入っています。かぎ針編みをもっと楽しみたい方に。

《 CHAPTER*2 編み方記号図の見方 》

編み方記号図は、どのように編んでいるかを記号にしたもので、表側から見た状態を書き表しています。

●編み目記号
記号はJIS(日本工業規格)で定められたものです。

●編み目の高さ
基本的な編み目はどのような比率で構成されているかを覚えましょう。くさり編みとこま編みを1とすると、中長編みは2倍、長編みは3倍、長々編みは4倍の高さになります。

●立ち上がりのくさり編み
段の最初に編むくさり編みで、その段に必要な高さ、または立ち上がりの次に編む記号に合わせた高さをくさり編みで編みます。くさり編みを2目以上編むときは、立ち上がりのくさり編みを1目に数えますが、こま編みの場合は1目には数えません。

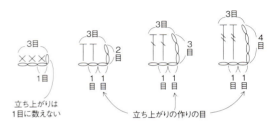

●「平編み」と「中心から円に編む」
編むものは主にこの2つにわかれます。

平編み 1段ずつ編み地の向きをかえ、往復に編みます。立ち上がりは左右で交互になります。

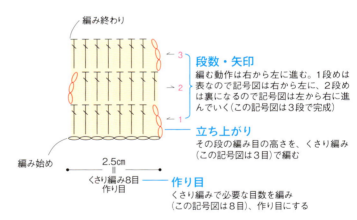

段数・矢印 編む動作は右から左に進む。1段めは表なので記号図は右から左に、2段めは裏になるので記号図は左から右に進んでいく(この記号図は3段で完成)

立ち上がり その段の編み目の高さを、くさり編み(この記号図は3目)で編む

作り目 くさり編みで必要な目数を編み(この記号図は8目)、作り目にする

中心から円に編む ぐるぐると輪に編み広げる編み方で、どの段も表を見て編みます。

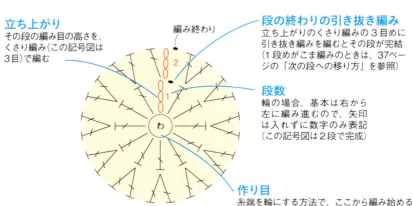

立ち上がり その段の編み目の高さを、くさり編み(この記号図は3目)で編む

段の終わりの引き抜き編み 立ち上がりのくさり編みの3目めに引き抜き編みを編むとその段が完結(1段めがこま編みのときは、37ページの「次の段への移り方」を参照)

段数 輪の場合、基本は右から左に編み進むので、矢印は入れずに数字のみ表記(この記号図は2段で完成)

作り目 糸端を輪にする方法で、ここから編み始める

●束に編む

2段め以降の編み方で、前段（1段前の段）のくさり編みに編むとき、くさり編みの目に針を入れずにくさり編みをそっくりすくって編むことを「束に編む」と言い、周囲に編む縁編みも同様です。

こま編みの立ち上がり、段の終わりの引き抜き編み
立ち上がりにくさり編みを1目編むが、1目には数えない。次のこま編みから目数に数える。
段の終わりの引き抜き編みは、段の始めのこま編みの頭に編む

束に編む
くさり編みに編む長編みやこま編みは、くさり編みをそっくりすくって編む（54、55ページ参照）

●次の段への移り方

モチーフやネット編みなど、くさり編みで透かし模様を編むときは、模様を崩さずに次の段に編み進められるように、段の終わりで、次の段の立ち上がり位置までのくさり編みを別の編み目におきかえます。

束に編む
上記の「束に編む」と同様で、前段がくさり編み（「編み目をかえる」部分もくさり編みと同じ扱い）のところは束に編む

編み目をかえる
くさり編み4目に編むところを「くさり編み2目＋中長編み1目」にかえる

編み目をかえる
くさり編み5目に編むところを「くさり編み2目＋長編み1目」にかえる

編み目をかえる
くさり編み3目に編むところを「くさり編み1目＋中長編み1目」にかえる（57ページ参照）

段の終わりの引き抜き編み
段の始めのこま編みの頭に編む

《CHAPTER*3 編み始める前に》

●糸端の出し方
糸はかたい芯、またはやわらかい芯に巻いてあり、それぞれ糸端の引き出し方が異なります。

かたい芯の場合
糸が汚れないようにポリ袋（糸が入る大きさであればサイズは問わない）と輪ゴムを用意し、糸端は外側から使います。

1 糸にかぶせてあるフィルムを外し、糸端は糸玉の外側から使う。

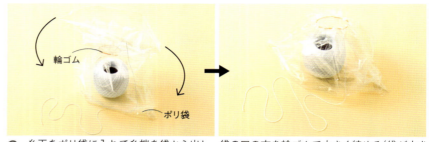

2 糸玉をポリ袋に入れて糸端を袋から出し、袋の口の方を輪ゴムで小さく縮める（袋が大きい場合は口を折り返す）。外側の糸端を使うので、袋の中で糸が転がっても汚れない。

やわらかい芯（芯の外し方ガイドつき）の場合
表示方法に従って芯を外し、内側の糸端から使います。

1 糸にかぶせてあるフィルムは、芯を外すところだけ切り開く（糸を汚さないため）。

2 芯を表示の矢印の方向に回して抜き、内側の糸端を出す。

豆知識-❷

すべりのよい糸のかけ方
糸を小指に1回巻いてから指にかけると、糸の送りを調整しやすくなります。個人差があるので「巻く」、「巻かない」は実際に編んでみて、スムーズに編める方で。

●糸のかけ方、針の持ち方
正しいかけ方、持ち方を覚えましょう。

糸をかける（左手）

1 糸端を持って小指と薬指の間から手のひら側に糸を出し、中指と人さし指の間から甲側に通して人さし指にかける。

2 親指と中指で糸端側（指から少し糸端を出す）を持つ。人さし指を立て、糸がたるまないようにピンと張る。

針を持つ（右手）

3 針は親指と人さし指で持ち、中指は添える程度に。

モチーフを編んでみましょう

まずは小さなもので、基本の編み方を覚えましょう。

《 LESSON*1 四角形のモチーフ 》

※平編みで編みます。

（実物大）

糸／オリムパス エミーグランデ ベージュ(731)0.5g
針／0号レース針
その他／とじ針、はさみ

マスターする テクニックと編み目記号
- くさり編みの作り目
- くさり編み
- 長編み
- 糸の始末

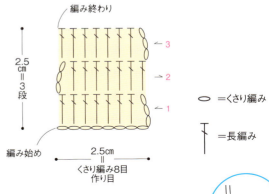

くさり編みの作り目

1 針を糸の向こう側から当て、矢印のように針を回して針に糸を巻きつける。

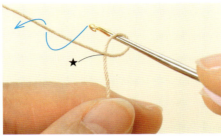

2 矢印のように針を動かして、針に糸をかける（以降「糸をかける」は、これと同じ）。
※写真はわかりやすいようにしているが、実際には糸が交差しているところ（★）を親指と中指で押さえてから糸をかける。

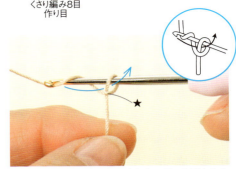

3 矢印のように、かけた糸を糸の輪から引き出す。
※2と同様に、実際には糸が交差しているところ（★）を親指と中指で押さえてから、糸を引き出す。

くさり編み ○

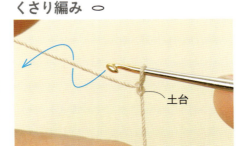

4 糸端を引き、3の糸の輪を引き締める。

5 作り目の土台ができた。2と同様に針に糸をかける。

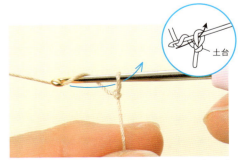

6 針にかかった糸のループから、かけた糸を引き抜く。

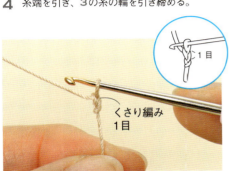

7 くさり編みが1目編めた。

8 5～7をくり返し、必要な目数（8目）を編む。作り目ができた。

豆知識-❸

くさり編みの表と裏

表の「半目」、裏の「裏山」を覚えましょう。平編みの1段めで作り目に編みつけるとき、2段め以降で段の終わりの目を編むときなどで、どこに針を入れているのかを示すために使います。

39

1段め　長編み

9 立ち上がりのくさり編みを3目編む。1段めは作り目の裏山に長編みを編む。作り目を軽く手前にひねり、7目めの裏山が見えるようにする。

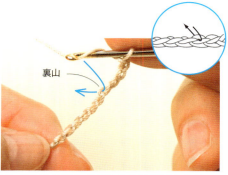

10 針に糸をかけ、7目めの裏山に針を入れる。

11 針に糸をかけ、立ち上がりのくさり編み2目分の高さまで糸を引き出す。

12 針に糸をかけ、針にかかっている2つのループを一度に引き抜き、立ち上がりのくさり編み3目分の高さにする。

13 未完成の長編みが編めた。針に糸をかけ、針にかかっている2つのループを一度に引き抜く。

14 長編みが編めた。

15 10～14と同様に、作り目のくさり編み1目に1目ずつ、長編みを編む。

16 立ち上がりのくさり編みを1目分に数え、長編み7目と合わせて全部で8目。1段めが編めた。

2段め

17 立ち上がりのくさり編みを3目編み、矢印のように編み地を回し、向きをかえる。

18 針に糸をかけ、1段めの裏側の右端から2目めの長編みの頭に針を入れる。

1段めを上から見たところ。長編みのてっぺんに見えるくさり編みのような目が頭。この糸2本に針を入れる。

19 長編みの頭に針を入れたら糸をかけ、かけた糸を11と同様に引き出し、長編みを編む。

40

20 長編みが編めた。

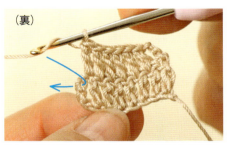

21 同様に前段の1目に1目ずつ長編みを編む。左端は前段の立ち上がりのくさり編みの3目め（くさり編みは裏が見え、表の半目と裏山の2本）に針を入れる。

22 針に糸をかけて引き出し、長編みを編む。

3段め

23 16と同様に全部で8目編み、2段めが編めた。

24 立ち上がりのくさり編みを3目編み、17（2段め）と同様に編み地の向きをかえる。

25 針に糸をかけ、18（2段め）と同様に前段の頭に針を入れ、長編みを編む。

26 左端は前段の立ち上がりのくさり編みの3目め（くさり編みは表が見え、表の半目と裏山の2本）に針を入れる。

27 針に糸をかけて引き出し、長編みを編む。

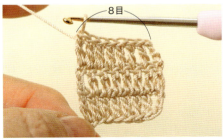

28 16と同様に全部で8目編み、3段めが編めた。

編み終わり

29 くさり編みを編むように針に糸をかけて引き出す。

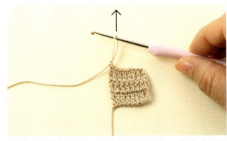

30 糸端を約10cm残してカットし、糸をそのまま引いて糸端を出す。

31 糸端を持って引き締める。

糸の始末

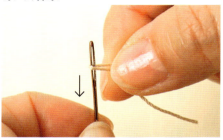
32 とじ針をはさむように糸端を針にかけて半分に折り、とじ針を抜く。

33 糸端は折り山からとじ針の穴に通す。

34 とじ針に糸端が通った。

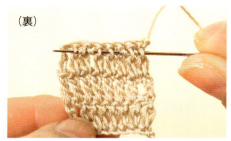
35 編み地の裏で、表にひびかないように編み目にくぐらせる。

36 逆方向にも通す。このとき、35で通した編み地の糸1本を飛ばす。

37 編み地のきわで、余分な糸端をカットする。

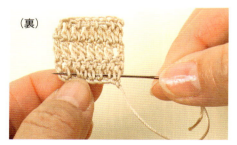
38 編み始めの糸端も同様にする。

39 四角形のモチーフのでき上がり。

豆知識 - ❹

ネット編みの糸の始末
透かしが多い編み地の場合の糸の始末です。

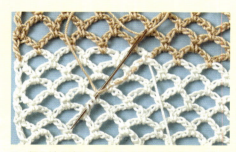
1 編み地の裏で、透かしのラインに沿って編み目にくぐらせ、糸1本分手前に戻って針を入れてさらにくぐらせる（こうすることでほどけにくくなる）。

2 糸端を通した部分がつれていないか、確認してから余分な糸端をカットする。

《 LESSON*2 》 三角形のモチーフ

※三角形のモチーフは、減らし目以外は四角形のモチーフ（39ページ）の要領で編みます。どの段も、立ち上がりのくさり編みは減らし目も兼ねた目なので、本来なら長編みに合わせてくさり編み3目を編むところをここでは2目にしています。

（実物大）

糸／オリムパス エミーグランデ
　　ベージュ(731) 0.5g
針／0号レース針
その他／とじ針、はさみ

マスターする編み目記号

● 減らし目
　・長編み2目一度
　・長編み4目一度

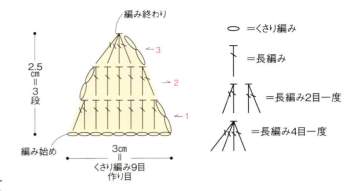

1段め

1 39ページの四角形のモチーフの要領で、くさり編み11目（作り目9目＋1段めの立ち上がり2目）を編み、針に糸をかけ、作り目の8目めの裏山に長編み（40ページ）を編む。

2 長編みを全部で6目編んだら、作り目の2目めに未完成の長編み（40ページ-13）を編み、続けて作り目の1目めにも未完成の長編みを編む。

長編み2目一度

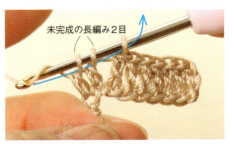

3 未完成の長編みが2目編めたら針に糸をかけ、一度に引き抜く。

4 長編み2目一度が編めた。1段めが編め、7目に減った。

2段め

5 立ち上がりのくさり編みを2目編み、編み地の向きをかえる。前段の頭に長編みを編み、左端は1段めの要領で長編み2目一度を編む。5目に減った。

3段め　長編み4目一度

6 立ち上がりのくさり編みを2目編み、編み地の向きをかえる。針に糸をかけ、前段の1目に1目ずつ、未完成の長編みを編む。

7 未完成の長編みが4目編めたら針に糸をかけ、一度に引き抜く。

8 長編み4目一度が編め、1目に減った。

8 編み終わりは四角形の編み終わり（41ページ）と同様にし、糸の始末をする。

《 LESSON*3　円形のモチーフ 》 ※中心から円に編みます。

（実物大）

糸／オリムパス エミーグランデ
　　ベージュ(731)1g
針／0号レース針
その他／とじ針、はさみ

**マスターする
テクニックと編み目記号**
● 糸端を輪にする方法
● 引き抜き編み
● 増し目（長編み2目編み入れる）

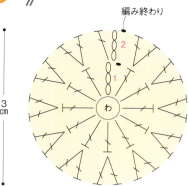

○ ＝くさり編み
● ＝引き抜き編み
𝗧 ＝長編み
𝖁 ＝長編み2目
　　編み入れる

糸端を輪にする方法

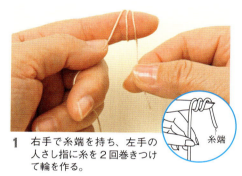

1 右手で糸端を持ち、左手の人さし指に糸を2回巻きつけて輪を作る。

2 輪を指から外し、輪に針を入れる（輪が崩れないように注意）。

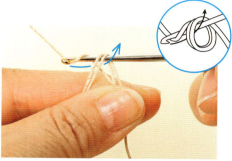

3 左手の親指と中指で輪を押さえ、針に糸をかけて引き出す。

1段め

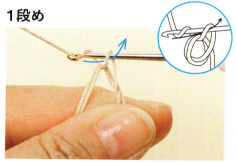

4 針に糸をかけ、くさり編み（39ページ）を3目編む。

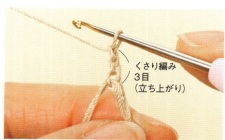

5 立ち上がりのくさり編みが編めた。

6 針に糸をかけ、輪に針を入れて長編み（40ページ）を編む。

7 長編みが編めた。

8 同様に長編みを全部で11目編む。立ち上がりを1目に数え、全部で12目が編めた。

9 針にかかっているループを大きくして針を外し、糸端を少し引いて輪が小さくなった方（★）を見つける。

44

10 ★の輪を持って手前に引き、☆の輪を引き締める。

11 糸端を持って手前に引き、★の輪を引き締める。

12 中心が締まり、二重の輪なのでゆるまない。

引き抜き編み

13 9で外したループに針を入れて戻し、立ち上がりのくさり編み3目めの半目と裏山の糸2本に針を入れる。

14 針に糸をかけ、針にかかっているループを一度に引き抜く。

15 引き抜き編みが編め、1段めが円につながった。

2段め　　長編み2目編み入れる

16 立ち上がりのくさり編みを3目編み、針に糸をかけ、13と同じところに針を入れ、長編みを編む。

17 立ち上がりと、次の長編みで前段の1目から2目編んだことになり、1目増えた。次に、前段の長編みの頭に長編みを2目編む（同じところに2回編む）。

18 前段の1目に長編みが2目編め、1目増えた。

19 同様に前段の1目に長編みを2目ずつ編み、全部で24目編んだら1段めと同様に立ち上がりのくさり編み3目めに引き抜き編みを編む。

20 2段めが編めた。

21 編み終わりは四角形の編み終わり（41ページ）と同様にし、糸の始末をする。

45

《 LESSON*4 小花のモチーフ 》

※小花のモチーフは、円形のモチーフ(44ページ)の要領で編み始め、1段めはこま編みで編みます。1段めの立ち上がりのくさり編みは1目に数えないので、段の終わりはこま編みの頭に引き抜き編みを編みます。

（実物大）

糸／オリムパス エミーグランデ
ベージュ(731) 1g
針／0号レース針
その他／とじ針、はさみ

マスターする編み目記号
● こま編み
● 中長編み3目の変形玉編み

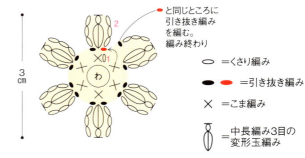

○ ＝くさり編み
● ● ＝引き抜き編み
× ＝こま編み
＝中長編み3目の変形玉編み

1段め　こま編み ×

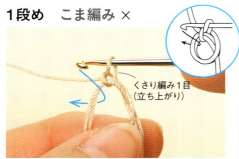

1 糸端を輪にする方法(44ページ)で立ち上がりのくさり編み(39ページ)を1目編む。次に輪に針を入れる。

2 針に糸をかけて引き出す。

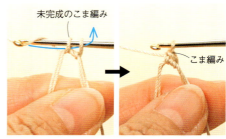

3 未完成のこま編みが編めたら針に糸をかけ、針にかかっているループを一度に引き抜く。こま編みが編めた。

4 同様にこま編みを全部で6目編む。

5 糸端を引いて輪を引き締め、段の最初のこま編みの頭に針を入れる。

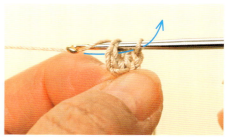

6 針に糸をかけ、針にかかっているループを一度に引き抜く。

2段め　中長編み3目の変形玉編み

7 引き抜き編みが編め、1段めが編めた。

8 立ち上がりのくさり編みを3目編む。針に糸をかけ、5と同じところに針を入れる。

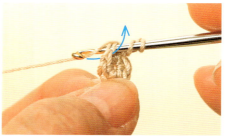

9 針に糸をかけ、立ち上がりのくさり編み2目分の高さまで糸を引き出す。

46

10 未完成の中長編みが編めた。

11 さらに8(立ち上がりを除く)〜10を2回くり返す。

12 未完成の中長編みが3目編めたら針に糸をかけ、未完成の中長編みのみ一度に引き抜き、立ち上がりのくさり編み3目分の高さにする。

13 針に糸をかけ、針にかかっているループを一度に引き抜く。

14 中長編み3目の変形玉編みが編めた。

15 くさり編みを3目編み、5と同じところ(中長編み3目の変形玉編みを編みつけたところ)に針を入れ、引き抜き編みを編む。

16 小花の花びら1枚が編めた。前段の左隣の頭に針を入れ、引き抜き編みを編む。

17 引き抜き編みが編め、1目左に移動した。

18 8〜16と同様に、2枚めの花びらを編む。

19 同様に、前段の1目に花びらを1枚ずつ編み、段の終わりの引き抜き編み(6枚めの花びら)は5と同じところ(1枚めの花びらの右側から)に針を入れて編む。

20 引き抜き編みが編め、2段めが編めた。

21 編み終わりは四角形の編み終わり(41ページ)と同様にし、糸の始末をする。

《 LESSON *5 立体花のモチーフ》

※立体花のモチーフは、円形のモチーフ(44ページ)の要領で編み始め、1段めはこま編みとくさり編みで編みます。1段めの立ち上がりのくさり編みは1目に数えないので、段の終わりはこま編みの頭に引き抜き編みを編みます。3段めから立体に編むので、わかりやすいように色をかえています。

(実物大)

糸／オリムパス エミーグランデ
　　ベージュ(731)2g
針／0号レース針
その他／とじ針、はさみ

**マスターする
テクニックと編み目記号**
● 束に編む
● 中長編み
● 立体に編む
● 長々編み

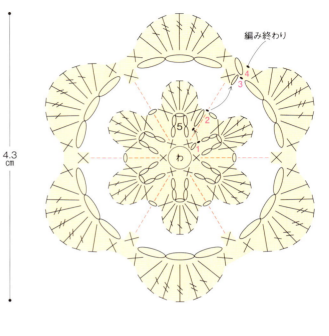

4.3 cm

○ =くさり編み
● =引き抜き編み
× =こま編み
T =中長編み
T =長編み
T =長々編み

1段め

1 糸端を輪にする方法(44ページ)で立ち上がりのくさり編み(39ページ)を1目編み、輪に針を入れてこま編み(46ページ)を1目編む。

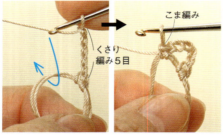

2 くさり編みを5目編み、輪に針を入れてこま編みを1目編む。

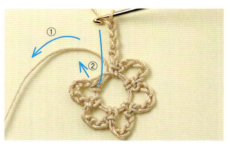

3 2を4回くり返し、くさり編みを5目編んだら糸端を引いて輪を引き締め(①)、最初のこま編みの頭に針を入れて(②)引き抜き編み(45ページ)を編む。

4 引き抜き編みが編め、1段めが編めた。

束に編む

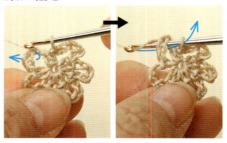

5 左のくさり編み5目のループに針を入れ(ループをそっくりすくう)、針に糸をかけて一度に引き抜く。

6 引き抜き編みが編め、くさり編みのループに目が移動した。

2段め

7 立ち上がりのくさり編みを1目編み、5と同様にくさり編みのループに針を入れ、こま編みを編む。

8 針に糸をかけ、7と同様に針を入れる。

中長編み

9 針に糸をかけて引き出す（こま編みの隣で編んでいるので高さを出しにくいが、できるだけくさり編み2目分の高さに近づける）。

10 未完成の中長編みが編めた。針に糸をかけ、針にかかっているループを一度に引き抜く。

11 中長編みが編めた。

12 続けて長編み（40ページ）3目、中長編み1目、こま編み1目、くさり編み1目を編む（★）。花びらが1枚編めた。左隣のくさり編みのループに針を入れ、2枚めの花びらを編む。

13 2枚めの花びらが編めた。

14 全部で6枚の花びらが編めたら、段の終わりは最初のこま編みの頭に針を入れ、引き抜き編みを編む。2段めが編めた。

3段め　立体に編む

15 立ち上がりのくさり編みを1目編み、編み地の後ろから1段めと2段めの空間に針を入れる。

16 1段めのこま編みの頭に、手前から向こうに針を入れる。

17 2段めの裏を見ながら針に糸をかけ、こま編みを編む。

18 こま編みが編めた。

49

19 くさり編みを3目編み、15と同様に次の空間に針を入れる。

20 16～18と同様に、1段めに針を入れてこま編みを編む。

21 こま編みが編めた。

22 19～21をくり返し、段の終わりは最初のこま編みの頭に針を入れ、引き抜き編みを編む。3段めは2段めの裏に編めた。

※わかりやすいように、1～2段めの色をかえています。

4段め　長々編み

23 48ページの編み方記号図を参照し、2段めと同様に長々編みの手前まで編む。次に針に糸を2回かけ(2回巻きつける)、くさり編みのループに針を入れる。

24 糸をかけて引き出し(くさり編み3目分の高さに近づける)、さらに針に糸をかけ、針にかかっている2つのループを一度に引き抜く。

25 針に糸をかけ、針にかかっている2つのループを一度に引き抜く。

26 未完成の長々編みが編めた。針に糸をかけ、針にかかっているループを一度に引き抜く。長々編みが編めた。

27 編み方記号図を参照し、花びらの残りの部分を編む。1枚の花びらが編めた。

28 同様に、2枚めの花びらを編む。

29 全部で6枚の花びらが編めたら、段の終わりは最初のこま編みの頭に針を入れ、引き抜き編みを編む。

30 編み終わりは四角形の編み終わり(41ページ)と同様にし、糸の始末をする。

《LESSON*6 編み玉のモチーフ》

※編み玉のモチーフは、円形のモチーフ(44ページ)、小花のモチーフ(46ページ)を参考に編みます。すべてこま編みで目を増減させて編み、手芸綿を入れて玉の形を保持します。

（実物大）

糸／オリムパス エミーグランデ　ベージュ(73⁻)1g
針／0号レース針
その他／手芸綿少々、とじ針、はさみ

マスターする テクニックと編み目記号
- 増し目（こま編み2目編み入れる）
- 減らし目（こま編み2目一度）
- 編み玉の仕上げ、糸の始末

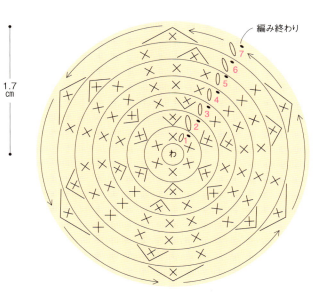

1.7cm

○ ＝くさり編み　　∨∨ ＝こま編み2目編み入れる
● ＝引き抜き編み　∧ ＝こま編み2目一度
× ＝こま編み

1段め

1 糸端を輪にする方法(44ページ)で、1段めは小花のモチーフ（46ページ）と同様に編む。

2段め　こま編み2目編み入れる ∨∨

2 立ち上がりのくさり編みを1目編み、前段の最初のこま編みの頭に針を入れてこま編みを編み、さらにもう1目、同じところに針を入れてこま編みを編む。

3 前段の1目にこま編みが2目編め、1目増えた。

4 同様に、前段の1目に2目ずつこま編みを編む（毎段、段の終わりは1段めと同様に引き抜き編み）。

3段め

5 2段めの要領で、「前段の1目にこま編み2目、前段の1目にこま編み1目」をくり返す。

6 3段めが編めた。増し目はこの段で終了。

4〜5段め

7 4段めは増し目をせず、1目に1目ずつこま編みを編む。

8 5段めも増し目をせず、1目に1目ずつこま編みを編む。増し目をしないので、平らな形から丸い形にかわる。

51

6段め　こま編み2目一度　⌂

9 立ち上がりのくさり編みを1目編み、前段の最初のこま編みの頭、隣のこま編みの頭にそれぞれ未完成のこま編み(46ページ-3)を編む。

10 未完成のこま編みが2目編めた。針に糸をかけ、針にかかっているループを一度に引き抜く。

11 こま編み2目一度が編め、1目減った。

12 次は前段の1目にこま編みを1目編む。

13 「こま編み2目一度、こま編み1目」をくり返し、段の終わりは引き抜き編みを編む。

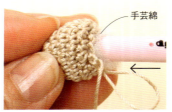

14 針にかかっているループを大きくして針を外し、針の反対側を使って手芸綿を軽く詰める。

7段め

15 14で外したループに針を入れて戻し、7段めはすべてこま編み2目一度で編み、段の終わりは引き抜き編みを編む。

仕上げ、糸の始末

16 編み終わりは四角形の編み終わり(41ページ)と同様にする。とじ針に糸端を通し、7段めの頭の手前半目に針を入れる。

17 同様に半目ずつに針を入れ、糸端を通す。

18 全目に糸が通ったら、糸端を引いて穴を閉じる。

19 このままでは糸がゆるむので、編み目にくぐらせる。

20 編み玉の向きをかえて、反対方向にもくぐらせる(糸がゆるみにくくなる)。

21 閉じた穴から反対側(編み始め)の中心に向かって針を通す。

22 編み地のきわで、少し糸端を引き気味にして余分な糸をカットする(糸端は玉の中にかくれる)。

23 編み玉のモチーフのでき上がり。

《 LESSON*7 葉のモチーフ》

（実物大）

糸／オリムパス エミーグランデ
ベージュ(731)0.5g
針／0号レース針
その他／とじ針、はさみ

マスターするテクニック
● くさり編みの作り目の
上下に編む

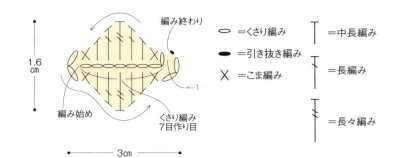

1段め（上側）

1 39ページの四角形のモチーフの要領で、くさり編み8目(作り目7目＋1段めの立ち上がり1目)を編み、作り目の裏山にこま編み(46ページ)、中長編み(49ページ)、長編み(40ページ)、長々編み(50ページ)で山のような形に編む。

1段め（下側）

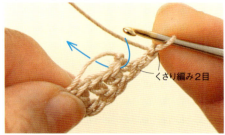

2 くさり編みを2目編み、編み地の上下の向きをかえ、作り目のくさり編みの表の目(糸2本)に針を入れ、こま編みを編む。

3 続けてくさり編みの表の目(糸2本)に中長編みを編む。このとき、編み始めの糸端も一緒に編みくるみながら編む。

4 同様に糸端を編みくるみながら長編みを編む（こうすることで糸の始末が不要になる）。

5 指定の編み目記号で、残りの目を編み進める。

6 作り目のくさり編みに編み終えたら、くさり編みを2目編み、最初のこま編みの頭に引き抜き編みを編む。

7 編み終わりは四角形の編み終わり(41ページ)と同様にし、糸の始末をする。

豆知識-❺　とじ針、はさみのこと

糸、針の他に必要なものが「とじ針」と「はさみ」です。とじ針は縫い針と違い、先端が丸く編み目に通しやすいのが特徴。太さは色々あり、糸の太さ（とじ針の通し穴に通る）によって使い分けます。はさみは先が細くてよく切れるものを。写真のようなソリ刃は編み地を切る心配がなく、おすすめです。

方眼編みで「束に編む」を編んでみましょう

立体花のモチーフ(48ページ)でも「束に編む」を説明していますが、方眼編みは前段がくさり編みのときは「長編みを束に編む」、長編みのときは「長編みの頭に長編みを編む」と、異なる編みつけ方の練習にもなります。どちらも高さをそろえて編むようにすると四角い形がきれいです。

※12ページのコースターaで解説しています。
前段がくさり編み1目のときも、編みつけ方の注意がない場合は束に編みます。

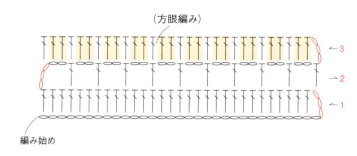

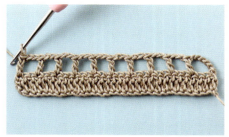

1 編み方記号図の2段めまで編んだところ。1段めの長編みは作り目のくさり編みの裏山、2段めは前段の長編みの頭、左端は立ち上がりのくさり編みの表の半目と裏山の糸2本に編む。

2 3段め。最初の長編みは前段がくさり編みなので「束に編む」。針に糸をかけ、くさり編みをそっくりすくう。

3 針に糸をかけ、立ち上がりのくさり編み2目分の高さまで糸を引き出す。

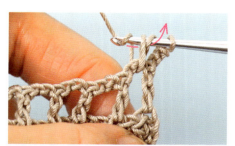

4 針に糸をかけ、針にかかっている2つのループを一度に引き抜き、立ち上がりのくさり編み3目分の高さにする。

5 未完成の長編みが編めた。針に糸をかけ、針にかかっている2つのループを一度に引き抜く。

6 長編みが編めた。束に編んでいるので、長編みの根元は左右に動く。これが「束に編む」。

7 次の長編みも2〜6と同様に束に編む。3目めに編む長編みは、2段めと同様に、前段の長編みの頭に編む。

8 長編みが編めた。

9 2〜8をくり返す。どちらも編みつけ方は異なるが、編んだ長編みの高さは同じ。

方眼編みで「縁編み」を編んでみましょう

編んだ編み地のまわりに編む「縁編み」。縁編みを編むことで編み地の端を整えたり、異なる模様で飾りをつけたり、とデザインによってさまざまです。ここでは方眼編みを使い、端の目のどこに縁編みを編みつけているのかを覚えましょう。段の部分には「束に編む（54ページ）」ところもあります。編み方記号図を見ながら編み進めましょう。

※12ページのコースターaで解説しています。

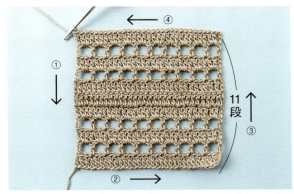

1 編み方記号図の方眼編みを編んだところ。編み終わりの糸は切らず、そのまま周囲の縁編みを①の辺から②、③、④の順に編む。

①の辺に編む　目に編むこま編み ×

2 立ち上がりのくさり編みを1目編む。最初のこま編みは、端の長編みの頭のすぐ左に針を入れる。

3 針に糸をかけて引き出し、こま編みを編む。

束に編むこま編み ×

4 3は目に編んでいるので、こま編みの根元は固定されて動かない。次に端の長編みを矢印のようにそっくりすくい、こま編みを2目編む（束に編む）。

目に編むこま編み ×

5 4は束に編んでいるので、こま編み2目の根元は左右に動く。次に立ち上がりのくさり編み3目め（方眼編みで長編みを編みつけたところ）に針を入れる。

6 針に糸をかけて引き出し、こま編みを編む。

7 こま編みが編めた。目に編んでいるので、こま編みの根元は固定されて動かない。

②の辺に編む

8 同様に方眼編みの段の頭（立ち上がりのくさり編みは3目め）は目に、それ以外は束にこま編み（★）を編む。途中、束に編みつける目数が1目のところがあるので注意する（☆）。

9 くさり編みを2目編み（角を作る）、方眼編みの作り目にこま編みを編む。くさり編みの表の糸2本に針を入れ、編み始めの糸端を編みくるみながらこま編みを編む。

10 同様に、作り目1目に1目ずつ、糸端も編みくるみながらこま編みを編む。

③、④の辺に編む

11 縁編みを編みながら、糸端の始末も同時にする。

12 ③の辺は①の辺と対称に編む。くさり編みを2目編み、④の辺の最初のこま編みは、方眼編みの立ち上がりのくさり編み3目めに編む。

13 次からは方眼編みの長編みの頭に、1目に1目ずつこま編みを編む。

14 最後のこま編みも、長編みの頭に針を入れて編む。

段の終わりの引き抜き編み

15 くさり編みを2目編み、最初のこま編みの頭に針を入れ、引き抜き編みを編む。

16 方眼編みの周囲に縁編みが編めた。編み終わりは四角形の編み終わり（41ページ）と同様にし、糸の始末をする。

モチーフで「次の段への移り方」を覚えましょう

中心から円に編むとき、段の終わりで模様を崩さず次の段を編み始めることができるように、
段の終わりは次の段の立ち上がり位置までのくさり編みを別の記号におきかえて編みます。

※ 16ページのモチーフaを使い（編み方記号図は37ページを参照）、このモチーフの編み方ポイントも一緒に解説しています。

> **マスターする編み目記号**
> - 減らし目
>   （長編み3目一度）
> - くさり編み3目のピコット

2段めの編み終わり

1 くさり編みを3目編むところを、くさり編み1目＋中長編み1目にかえる。くさり編みを1目編み、針に糸をかけ、最初のこま編みの頭に針を入れる。

2 針に糸をかけて引き出し、中長編み(49ページ)を編む。

3 中長編みが編め、2段めが編めた。

3段めの編み始め

4 立ち上がりのくさり編みを3目編む。針に糸をかけ、前段の中長編みをそっくりすくい、長編みを2目編む(束に編む)。

5 長編みが2目編めた。3の中長編みは、くさり編みをおきかえたものなので、束に編むことになる。

編み終わり

6 段の終わりは立ち上がりのくさり編み3目めに針を入れ、引き抜き編みを編む。

4段め

7 立ち上がりのくさり編みを2目編み、前段の長編みの頭に針を入れ、長編み2目一度(43ページ)を編む。

8 続けてくさり編みを4目編み、前段のくさり編みをそっくりすくう(くさり編みなので、束に編む)。

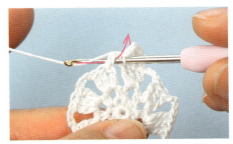

9 針に糸をかけて引き出し、こま編みを編む。

10 こま編みが編めた。束に編んでいるので、こま編みの根元は固定されず、左右に動く。

11 くさり編み4目を編み、前段の長編みの頭にそれぞれ針を入れながら、未完成の長編み（40ページ-13）を3目編む。針に糸をかけ、針にかかっているループを一度に引き抜く。

12 長編み3目一度が編めた。

13 2段めの要領で、くさり編みを4目編むところを、くさり編み2目＋中長編み1目にかえる。中長編みは、最初の長編み2目一度の頭に編む。

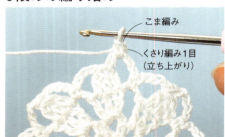

14 3段めの要領で、立ち上がりのくさり編みを1目編み、前段の中長編みをそっくりすくい、こま編みを編む（束に編む）。

15 くさり編み（目数に注意）とこま編みを交互に編む。このとき、こま編みは束に編む。

16 2段めの要領で、くさり編みを5目編むところを、くさり編み2目＋長編み1目にかえる。くさり編みを2目編み、針に糸をかけ、最初のこま編みの頭に長編みを編む。

17 長編みが編め、5段めが編めた。

18 5段めの編み始めと同様に立ち上がりのくさり編みを1目編み、前段の長編みをそっくりすくい、こま編みを編む（束に編む）。

くさり編み3目のピコット

19 くさり編みを1目編み、次の長編みは前段のくさり編みに束に編む。

20 長編みが編めた。束に編んでいるので、長編みの根元は左右に動く。19、20をあと2回くり返す。

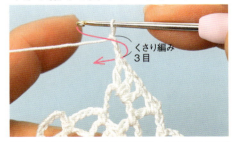
21 続けてくさり編みを3目編み、矢印のように長編みの頭の手前半目とすぐ下に見える糸の2本に針を入れる。

22 針に糸をかけ、一度に引き抜く。引き抜き編みが編め、くさり編み3目のピコットが編めた。

23 指定の位置でくさり編み3目のピコットを編みながら、くさり編み1目と長編み1目を交互に編み、前段の隣のくさり編みに編むこま編みは、束に編む。

24 19〜23をくり返し、段の終わりは最初のこま編みの頭に引き抜き編みを編む。編み終わりは四角形の編み終わり(41ページ)と同様にし、糸の始末をする。

「次の段への移り方」の記号は作品の模様でかわります

21ページの巾着の模様編み(編み方記号図は97ページ)は、ネット編みに中長編み3目の変形玉編み(46ページ)を入れています。段の終わりはくさり編み2目のところですが、次の段は前段の中央から編み始めるため、長編みにおきかえて2目一度に編みます。

1 未完成の中長編み3目の変形玉編み(47ページ-13)を編み、針に糸をかけ、最初のこま編みの頭に針を入れ、未完成の長編み(40ページ-13)を編む。

2 針に糸をかけ、針にかかっているループを一度に引き抜く。

3 記号(中長編み3目の変形玉編みと長編みの2目一度)の模様が編めた。

その他の編み目記号の編み方、テクニック

39〜59ページで解説した編み目記号の他に、この本で使用している編み目記号や、同じ編み目記号でも編みつけ方をかえている場合の編み方をまとめて紹介しています。

くさり編みに編むピコット

17ページの小さなドイリーb（編み方記号図は91ページ）で編みます。

1 くさり編みを5目編み、2目めの半目と裏山の糸2本に針を入れる。

2 針に糸をかけ、一度に引き抜く。引き抜き編みが編め、くさり編み3目のピコットができた。

3 くさり編みを1目編むと記号の模様が完成（わかりやすいように、続きの模様を編んだところ）。

くさり編みに編むピコットを連続で3回編む

27ページのミニストール（編み方記号図は103ページ）で編みます。

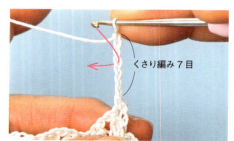

1 くさり編みを7目編み、4目めの半目と裏山の糸2本に針を入れる。

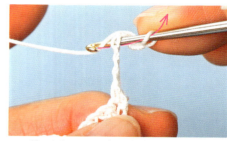

2 針に糸をかけ、一度に引き抜く。

3 引き抜き編みが編め、くさり編み3目のピコットができた。

4 続けてくさり編みを5目編み、1と同じところに針を入れ、引き抜き編みを編む。

5 引き抜き編みが編め、くさり編み5目のピコットができた。

6 続けてくさり編みを3目編み、1と同じところに針を入れ、引き抜き編みを編む。

7 引き抜き編みが編め、くさり編み3目のピコットができた。

8 編んでいるときはピコットが横向きになるが、置くと写真のようになる。記号の模様が完成。

長編み5目のパプコーン編み
束(54ページ)に編んでいます。15ページのファスナーつきポーチ(編み方記号図は89ページ)で編みます。

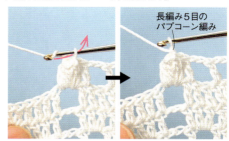

1　長編みを5目編み(この作品の場合は束に編む)、針を外す。1目めの頭から針を入れ、外した目に針を戻す。

2　戻した目を引き出す。

3　針に糸をかけ、くさり編みを1目編む。長編み5目のパプコーン編みができた。

こま編みのすじ編み
13ページのダイヤ柄のミニマット(編み方記号図は85ページ)で編みます。

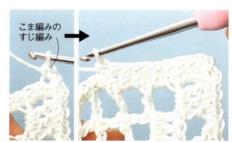

1　前段の頭の向こう側の糸1本に針を入れる。

2　針に糸をかけて引き出し、こま編みを編む。

3　こま編みのすじ編みが編めた。1～2をくり返すと前段の頭の手前の糸1本が残り、すじができる。

前段の目と目の間にこま編みを編む
27ページのミニストール(編み方記号図は103ページ)で編みます。

1　前段の空間に針を入れる。

2　針に糸をかけて引き出し、こま編みを編む。

3　目と目の間にこま編みが編めた。

前段と前々段のくさり編みを編みくるむこま編み

17ページの小さなドイリーb(編み方記号図は91ページ)で編みます。

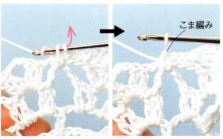

1　前々段に針を入れる。

2　前段、前々段のくさり編みが針にかかった。針に糸をかけて引き出す。

3　針に糸をかけ、針にかかっているループを一度に引き抜く。こま編みが編め、前段と前々段のくさり編みが編みくるまれた。

「ビーズの編み込み」を覚えましょう

ビーズは糸が通る大きさの穴があいているものを用意し、編む糸にビーズを通してから編み始めます。
ビーズは1個ずつの場合と、市販の糸通しビーズを使う場合では通し方が異なります。

> **豆知識-❻　ビーズ通し針がないとき**
> 編む糸の糸端3～4cmに木工用の接着剤をつけて固め、乾いてから先端を斜めにカットし、ビーズを直接すくって通します。

糸にビーズを通す

●ビーズ1個ずつの場合

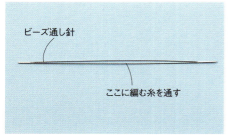

ビーズ通し針を用意します。針の中央が開き、ここに編む糸を通します。

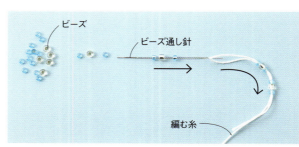

ビーズ通し針に編む糸の糸端を通し、針先でビーズを拾って必要な数を通します。

●市販の糸通しビーズを使う場合

ビーズに通っている糸をそのまま使うので、上記のような通し針は不要です。この場合は、木工用の接着剤（または手芸用ボンドなど）を用意します。

1 編む糸の糸端を3cmぐらいほぐし、ビーズに通っている糸端を重ねる。

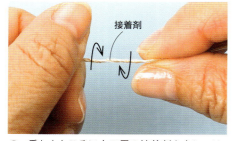

2 重ねたところに木工用の接着剤を少しつけ、2本を一緒にねじる。

3 1本にまとまったらそのまま放置し、乾かす。

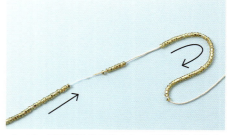

4 ビーズを編む糸に動かし、必要な数を通す。通し終えたら接着剤のついた糸端をカットする。

ビーズの編み込み方

くさり編み1目にビーズ1個を編み込む

10ページのモチーフ＋ビーズのラリエット（編み方記号図は82ページ）の本体で編みます。

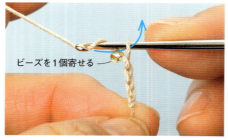

1 編み地のきわにビーズ1個を寄せ、針に糸をかけて引き抜く。

2 くさり編みが編め、ビーズはくさり編みの裏に編み込まれる。

くさり編み1目にビーズ3個を編み込む

24ページのドイリーa（編み方記号図は101ページ）で編みます。ビーズ3個は「丸大ビーズ、特大ビーズ、丸大ビーズ」を1組とし、24組を通しておきます。

1 編み地のきわにビーズ3個を寄せ、針に糸をかけて引き抜く。

2 くさり編みが編め、ビーズはくさり編みの裏に編み込まれる。

3 実際の作品。3つのピコットのくさり編みに、それぞれ編み込む。

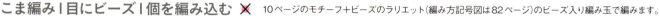

こま編み1目にビーズ1個を編み込む

10ページのモチーフ+ビーズのラリエット（編み方記号図は82ページ）のビーズ入り編み玉で編みます。

1 未完成のこま編み（46ページ-3）を編み、編み地のきわにビーズ1個を寄せ、針に糸をかけて一度に引き抜く。

2 こま編みが編め、ビーズはこま編みの裏に編み込まれる。

3 ビーズ入り編み玉の1段めが編めたところ。

4 3の裏。こま編みの裏にビーズが編み込まれるので、ビーズ入り編み玉は編み地の裏を表にして仕上げる。

長編み1目にビーズ1個を編み込む

10ページのモチーフ+ビーズのラリエット（編み方記号図は82ページ）の本体で編みます。

1 未完成の長編み（40ページ-13）を編み、編み地のきわにビーズ1個を寄せ、針に糸をかけて一度に引き抜く。

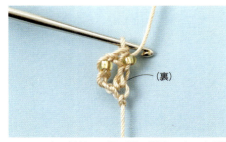

2 長編みが編め、ビーズは長編みの裏に編み込まれる。

3 2の裏。長編みの頭に近い位置でビーズが編み込まれる。

4 本体は平編みなので、編み地の表と裏が1段ずつ交互になり、ビーズの見え方も写真のようになる。

糸をつける

編み終えた編み地に新しい糸で編み始めるとき、「糸をつける」と言います。
21ページのボタンどめのポーチ（編み方記号図は99ページ）の入れ口で解説し、わかりやすいように糸の色をかえています。

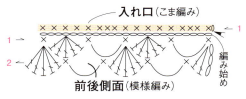

1 作り目を上にして持ち、右端のくさり編みの表の糸2本に針を入れ、新しい糸を針にかけて引き出す（糸端は右手で押さえておく）。

2 糸がついた。1段めの立ち上がりのくさり編みを1目編む。

3 1と同じところに針を入れ、こま編みを編む。

4 編み目がゆるみやすいので、もう少し編み進めるまで糸端を持っていると編みやすい。

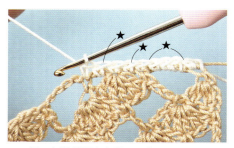

5 編み方記号図を参照し、作り目のくさり編みがそのままのところは束にこま編みを編み（★）、長編みを裏山に編みつけているところは1と同様にくさり編みの表の糸2本に編む。

糸の足し方

編んでいる途中で糸玉を使い切ってしまい、続けて新しい糸玉で編むときの編み方です。
写真のような透かしの多い編み地は、こま編みのところで新しい糸にかえます（わかりやすいように糸の色をかえています）。

1 未完成のこま編み（46ページ-3）を編み、新しい糸を針にかけて一度に引き抜く（編んでいた糸、新しい糸の糸端は右手で一緒に持っていてもよい）。

2 こま編みが編め、新しい糸にかわった。

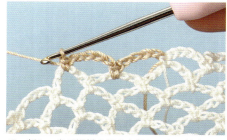

3 新しい糸で模様の続きを編む。糸の始末は42ページを参照し、すべて編み終えてからする。

豆知識 - ❼ くさり編みの作り目を編みすぎた

作り目の土台の方からほどくことができます。20ページのスペアカラーなど作り目の目数が多いときは数え間違いを防ぐためにも作り目を多めに作っておき、このようにあとでほどくとよいでしょう。

1 1段めが編み終えたのに、作り目が残ってしまった。

2 針にかかった糸の輪を広げて針を外す。土台をゆるめ、糸端を軽く引いて動いた糸を針（とじ針でも可）ですくい、糸端を引き出す。

3 同様に次に動く糸を針ですくい、糸端を引き出す。

4 余分な作り目をすべてほどき、最後は糸端を引いて土台を作る。

ゲージについて

ゲージとは編み地の密度のことで「10cm四方を何目×何段」で編んでいるかを示しています。編む人の手加減で、同じ針や糸を使っても大きくなったり、小さくなったりするので、そのときは針の号数をかえて調整します。大きなものを編むときは、試し編み（15cm四方を編んでゲージを測る）をすると安心です。
この本の39〜53ページの小さなモチーフは実物大の写真を掲載しているので、編んだものを重ねて編み目の大きさを比べてみてください。また技法や模様によってゲージの表現方法がかわるものがあります。

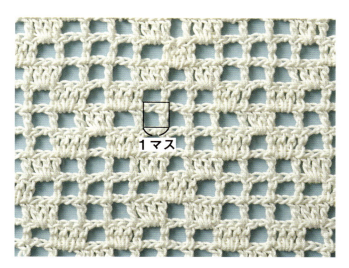

方眼編み

くさり編みと長編みで方眼のマス目を作り、マス目の中を長編みで埋めながら模様を作ります。そのため、ゲージの目に「マス」で表現します。

ネット編み

くさり編みやこま編みでネットのような透かしの多い模様は、ゲージの目を「ループ」で表現します（本によっては「山」）。

パイナップル編み

くさり編み、こま編み、長編みなどでパイナップルに見立てた模様です。段によって幅も高さもかわるので、ゲージは四角いものを編むとき、1模様で表現します。写真のような円形の場合、目のゲージは表示せず、長編み1段の高さのみ表示します。

豆知識 - ❽ 編み地が斜行する

中心から円に編むとき、筒状に輪に編むときなど、毎段同じ方向に編むときの編み目は、前段より次の段は少し右にずれます。立ち上がりの位置が少しずつ右方向になり、これを「斜行する」と言います。自然に起きることなので、心配する必要はありません。

技法別にテクニックを覚えましょう
技法 *1 モチーフつなぎ

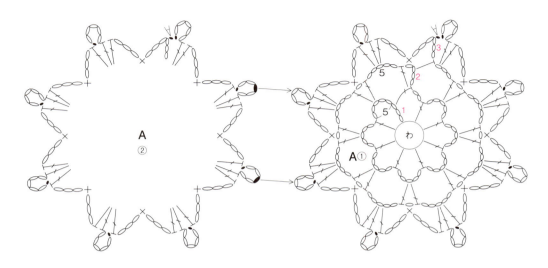

モチーフとモチーフを引き抜き編みでつなぐ

19ページの大小モチーフのミニストール（編み方記号図は94ページ）で解説し、わかりやすいように糸の色をかえています。

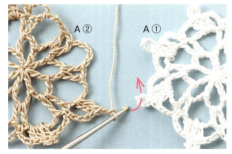

1 A①を編み、A②は3段めのA①につなぐ引き抜き編みの手前まで編む。A①のくさり編み5目のピコットの空間に針を入れる。

2 針に糸をかけ、一度に引き抜く。

3 引き抜き編みが編め、A①とつながった。

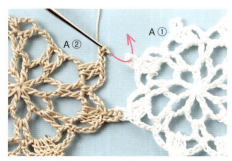

4 次にA①とつなぐ引き抜き編みの手前までA②を編み、1〜3と同様にA①に引き抜き編みでつなぐ。

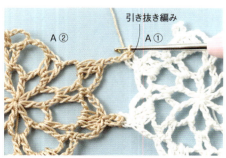

5 引き抜き編みが編め、A①とつながった。

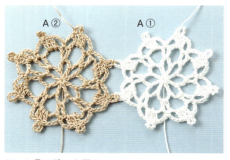

6 A②の残りを編む。

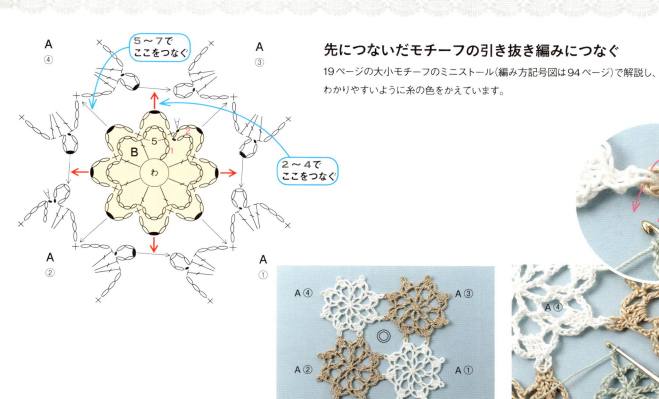

先につないだモチーフの引き抜き編みにつなぐ

19ページの大小モチーフのミニストール（編み方記号図は94ページ）で解説し、わかりやすいように糸の色をかえています。

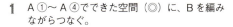

1 A①〜A④でできた空間（◎）に、Bを編みながらつなぐ。

2 Bは2段めの最初の引き抜き編みの手前まで編む。A③につないだA④の引き抜き編みの糸2本に、向こうから手前に針を入れる。

3 針に糸をかけ、一度に引き抜く。

4 引き抜き編みが編め、A④の引き抜き編みにつながった。

5 次の引き抜き編みの手前までBを編み、A④のこま編みの頭に針を入れる。

6 針に糸をかけ、一度に引き抜く。

7 引き抜き編みが編め、A④につながった。

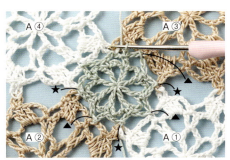

8 ★は2〜4、▲は5〜7と同様につなぎ、Bの残りを編む。

技法 *2 ブリューゲル編み

テープ状に編む「ブレード」を、引き抜き編みやこま編みなどで編みながら曲げてカーブを作り、模様を描きます。29ページのミニマット（編み方記号図は107ページ）で、わかりやすいように段数を減らして解説しています。

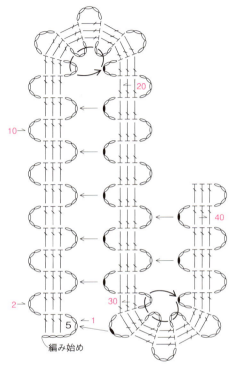

1 1段めを編み、2段めの立ち上がりのくさり編みを5目編み、編み地の向きをかえる。

2 針に糸をかけ、前段の長編み3目の頭に1目ずつ長編みを3目編む。

3 2段めが編めた。

4 2段めをくり返し、10段めまで編んだところ。このテープ状が「ブレード」。

5 19段めの立ち上がりのくさり編みを2目編んだら、左に見えるくさり編みのループ3カ所をそっくりすくう。

6 針に糸をかけ、一度に引き抜く。

7 引き抜き編みが編め、ブレードがカーブした。

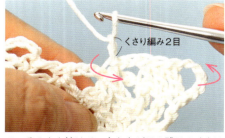

8 そのまま続けて、立ち上がりの残りのくさり編み2目を編み、編み地の向きをかえる。

9 前段の長編み3目の頭に、長編みを3目編む。

10 20段めの立ち上がりのくさり編みを5目編み、編み地の向きをかえる。

11 長編みを3目編み、21段めの立ち上がりのくさり編みを2目編み、11段めのくさり編みのループをそっくりすくう。

12 針に糸をかけ、一度に引き抜く。

13 引き抜き編みが編めた。

14 そのまま続けて、立ち上がりの残りのくさり編み2目を編み、編み地の向きをかえる。

15 針に糸をかけ、前段の長編み3目の頭に長編みを3目編む。

16 21段めが編めた。

17 23段め、25段め、27段め、29段め、31段めの立ち上がりのくさり編みを編むときに、11〜13と同様に引き抜き編みでつなぐ。31段めまで編めた。

18 同様に36段めの立ち上がりのくさり編み2目まで編んだら、68ページの5〜7と同様に引き抜き編みを編む。

19 ブレードがカーブした。

20 8〜16と同様に、くさり編みのループが向かい合う段は引き抜き編みでつなぐ。

作品の編み方ポイント

便利な素材を使ったもの、編み方記号図を見て編むときに少し難しいものなどを解説しています。

15ページのポーチ（編み方記号図は89ページ） この作品の編み付けファスナーは、生産を終了しています。詳しくは編み方88ページをご覧ください。

編み方記号図を参照して①から順に編みます。わかりやすいように糸の色をかえています。

編み始める前に

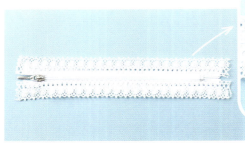

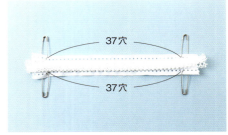

ファスナーに穴があいていて、そこに針を入れて編みつけます。穴をカバーするように綿レースがついているので、手前に折って編みつけます。

1 ファスナーの37穴に編みつけるので、安全ピン（糸や段数リングでも可）で印をつける。

ファスナーに編みつける（①〜③）

2 模様編みAを編む。①のファスナーの穴に針を入れ、糸をかけて引き出す。

3 安全ピンを外し、針に糸をかけて1段めの立ち上がりのくさり編みを1目編む。

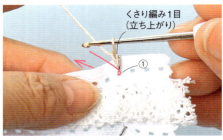

4 2と同じところに針を入れる。

5 糸をかけて引き出し、さらに針に糸をかけて一度に引き抜く。

6 こま編みが編めた。

7 くさり編みを1目編み、隣の穴に針を入れ、4〜6と同様にこま編みを編む（糸端も一緒に編みくるむ）。

8 こま編みが編めた。

9 7〜8をくり返す。

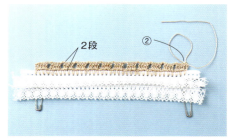

10 編み方記号図のように37穴に編みつけたら、続けて2段まで編む。針にかかっているループを広げて針を外し、糸を休める（②）。

輪にする（④〜⑦）

11 ファスナーの反対側（③）は2〜10と同様に2段編み、針はそのままにする。

12 11を外表に合わせ、ファスナーの端を折り込む。★（2段めの端の立ち上がりのくさり編みの3目め）の半目と裏山の糸2本に針を入れ、糸をかけて一度に引き抜く。

13 引き抜き編みが編め、片側がつながった（④）。

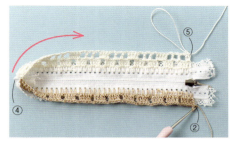

14 続けて11で編んだ2段の上に、模様編みBの1段めを編む。

15 片側を編んだら針にかかっているループを広げて針を外し（⑤）、10で休めておいた②のループに針を戻す。

16 12〜13と同様に、②と④の2段を引き抜き編みで輪につなぐ。この糸はここで編み終わりなので、四角形の編み終わり（41ページ）と同様にする。

17 ⑤のループに針を戻し、模様編みBの1段めの続きを編む（⑦）。

底を巻きかがる

18 1段めが編めた。

19 2段め以降も輪に編み、編み終わりは四角形の編み終わりと同様にし、糸端は約40cm残してカットする。

20 とじ針に糸端を通す。半分に折り、最初の目（1目め）と最後の目（144目め）の頭に、糸を2回通す。

21 次からは、隣の頭に糸を1回通す。

22 21をくり返し、底を巻きかがる（くさり編みのところも、表の糸2本に針を入れる）。巻きかがりの終わりは20と同様に糸を2回通し、編み地の裏で糸の始末（42ページ）をする。

29ページのコースター（編み方記号図は106ページ）

ブレードは縦に1本ずつ、2本めからは先に編んだブレードに引き抜き編みでつなぎながら編みます。
2本めの編み終わり、3本めの編み始めは写真を参照して編みましょう。

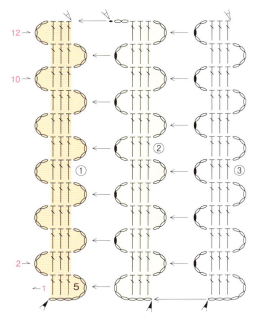

▶ =編み始め、
　または糸をつける

✂ =糸を切る

②(2本め)の編み終わり
※④(4本め)の編み終わりも同様

1 ②の引き抜き編みは、①の長編みの頭に針を入れて編む。

2 ①と②の端がつながった。編み終わりは四角形の編み終わり(41ページ)と同様にする。

③(3本め)の編み始め　※⑤(5本め)の編み始めも同様

1 ②のくさり編みの作り目の、1目めの裏山に針を入れる。

2 編み地を横向きにし、③の糸を針にかけて引き出す。

3 引き出したところ。糸がついた。

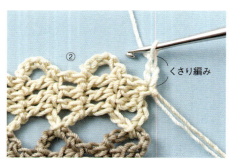

4 作り目のくさり編みを編む。

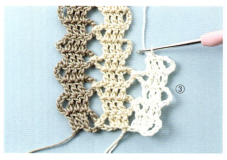

5 編み方記号図を参照し、②に引き抜き編みでつなぎながら編み進める。

72

32ページの布製ストールのエジング（編み方記号図は110ページ）

一筆書きのように編み進めます。平編みで毎段、編み地の向きをかえるので、写真を参照して編みましょう。

1〜6段め
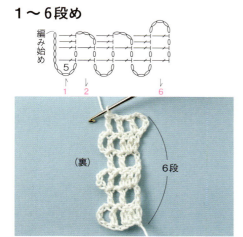

1 くさり編みで作り目し、毎段、編み地の向きをかえて編む。

7段め
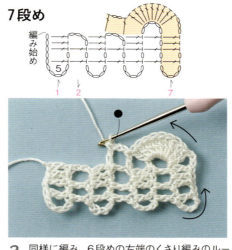

2 同様に編み、6段めの左端のくさり編みのループに編みつけ、続けて4段めと3段めの左端の頭に編みつける（途中から編み地を横向きにする）。

8段め
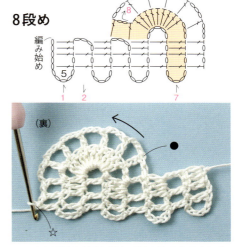

3 くさり編み3目を編んで編み地の向きをかえ、7段めのまわりに編む。

9段め・10段め
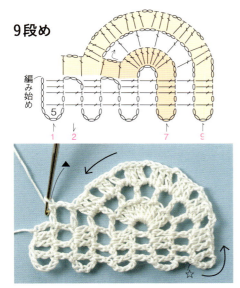

4 立ち上がりのくさり編み5目を編んで編み地の向きをかえ、8段めのまわりに編み、続けて2段めと1段めの左端の頭に編みつける。

Tを編みつける位置

長編みの頭に横から針を入れ、長編みを編む。

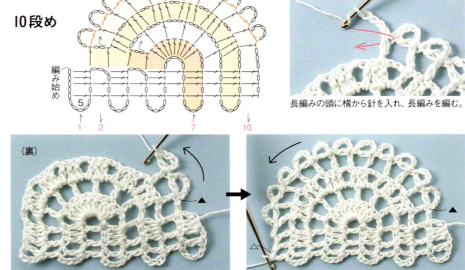

5 立ち上がりのくさり編み5目を編んで編み地の向きをかえ、9段めのまわりに編む。1模様が編めた。

11段め以降
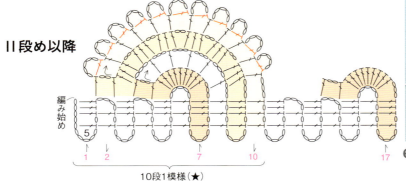

10段1模様（★）

6 1〜10段めをくり返す（写真は17段めまで編んだところ）。

30ページのハンカチのエジングa（編み方記号図は108ページ）

ハンカチの周囲に小さなネットがついていて、そこに針を入れて編みつけます。
「編み始める前に」を見てから始めましょう。わかりやすいように、糸の色をかえています。

●編み始める前に

ネットの数は辺によって異なることがあり、角は写真のようにネットがあったりなかったりもします。まず一辺ずつネットの数を数え、編みつける模様に合わせてネットの数を増減させます（75ページ「ネットの数の調整の仕方」を参照）。

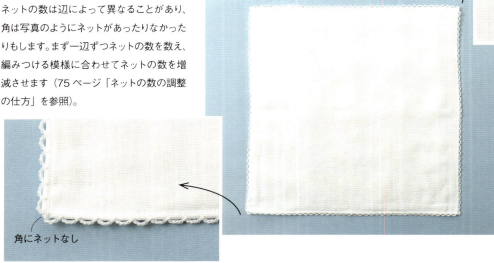

●編みつけ方

1 指定の位置に針を入れ、糸をかけて引き出す。

2 糸がついた。針に糸をかけ、1段めの立ち上がりのくさり編み（39ページ）を1目編む。

3 1と同じところに針を入れ、こま編み（46ページ）を編む。

4 こま編みが編めた。

5 くさり編みを7目編み、針に糸をかけ、1と同じところに中長編み3目の変形玉編み（46ページ）を編む。

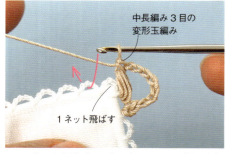

6 1ネットを飛ばし、次のネットにこま編みを編む。

7 こま編みが編めた。

8 5〜7をくり返す。

9 4模様が編めた。同様に編むが、辺のネットの数を減らすときは、下の写真のようにする。

●ネットの数を減らすときの
　こま編みの編み方

1 2つのネットに針を入れる。

2 糸をかけて引き出す。

3 さらに針に糸をかけ、一度に引き抜く。

4 こま編みが編め、1ネット減った。

ネットの数の調整の仕方

一辺のネット数を増す場合

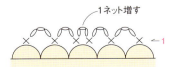

一辺のネット数を減らす場合

1ネット減らす
（上の写真を参照し、2ネットに針を入れてこま編みを編む）

ハンカチの角にネットがない場合

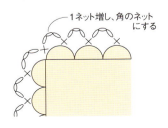

1ネット増し、角のネットにする

仕上げ方

編み目や形を整えるため、でき上がったものはアイロン仕上げをします。

コースターやドイリーなどをパリッと仕上げたいときは、のりづけ仕上げをしましょう。のりづけは簡単にできる方法で紹介しています。

アイロン仕上げ

アイロン、アイロン台、待ち針、定規を用意します。待ち針の頭は、アイロンの熱に強いガラス製がよいでしょう。

●円形の場合

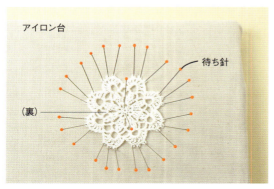

1　アイロン台に編み地の裏を上にして置く。待ち針で中心をとめ、定規で仕上がり寸法を確認しながら周囲をとめる（とめる順番は77ページの2〜4を参照）。

2　アイロンは少し浮かせた状態でスチームをかけ、冷めるまでそのまま放置する。

●四角形の場合

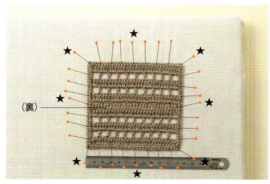
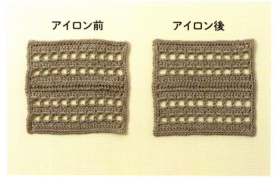

1　アイロン台に編み地の裏を上にして置く。定規を当てながら待ち針で角や辺の中央（★）をとめ、さらに間を均等にとめる。

2　「円形の場合」の2と同様にアイロンのスチームをかける。アイロン仕上げをすると、編み目も形も整う。

のりづけ仕上げ

アイロン仕上げより形が固定されますが、用意するものも多くなります。円形で紹介していますが、四角形の場合も同じ要領で仕上げます。

アイロン、アイロン台、待ち針、定規の他に、方眼紙、トレーシングペーパー、スプレーのり（衣類用であればどれでも）と鉛筆、円形にはコンパスを用意する。

1　のりづけをする前に方眼紙に仕上がりの線（中心と周囲の円）を書き、アイロン台の上に置く。

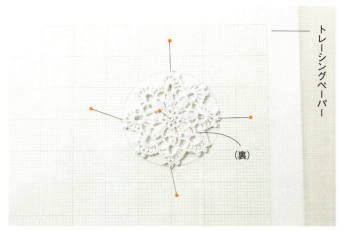

2 1の上にトレーシングペーパーを重ね、編み地の裏を上にして置く。方眼紙の中心と編み地の中心を合わせて待ち針でとめ、同様に周囲(この作品は8等分なので上下、左右の4カ所)をとめる。

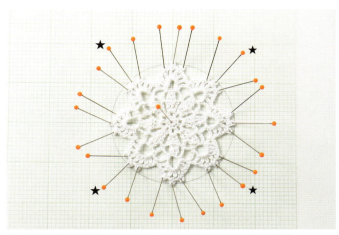

3 残りの周囲4か所(★)をとめ、さらに周囲をとめる(**4**を参照)。

4 **3**の拡大写真。この作品の場合、周囲はスカラップ状になっているので、方眼紙に書いた円の線上には**2**と**3**の★のみとめる。

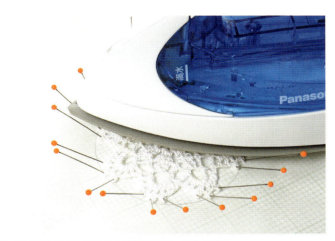

5 アイロンは少し浮かせた状態でスチームをかける。

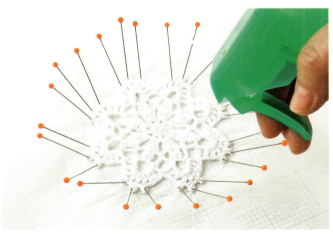

6 編み地が乾いていない状態で、全体にスプレーのりをする。

7 完全に乾くまで、そのまま放置する。使い終えた待ち針はのりがついているので、ぬれたタオルなどで拭き取る。

＊お花のブローチ…6ページ

a
- サイズ　直径6cm
- 糸　オリムパス金票18番レース糸　白(801)8g
- 針　4号レース針　とじ針
- その他　長さ3.5cmのブローチピン
- モチーフの大きさ　79ページの寸法と編み方記号図を参照

b
- サイズ　直径6cm
- 糸　オリムパスエミーグランデ　生成り(804)8g
- 針　0号レース針　とじ針
- その他　長さ3.5cmのブローチピン　手芸綿
- モチーフの大きさ　79ページの寸法と編み方記号図を参照

c
- サイズ　直径6cm
- 糸　オリムパス金票30番レース糸　白(801)7g
- 針　6号レース針　とじ針
- その他　長さ3.5cmのブローチピン　手芸綿
- モチーフの大きさ　79ページの寸法と編み方記号図を参照

d
- サイズ　6.5cm×5cm
- 糸　オリムパスエミーグランデ＜ハウス＞　生成り(H2)7g
- 針　3/0号かぎ針　とじ針
- その他　長さ3.5cmのブローチピン
- モチーフの大きさ　79ページの寸法と編み方記号図を参照

編み方(a～d共通)　糸は1本どり。
1. モチーフの必要枚数を参照し、指定のモチーフを編む(編み方記号図は79ページ)。糸端を使って土台につけるものがあるので、糸の始末は注意する。
2. 仕上げ方を参照し、土台の表側にモチーフをつけ、裏側にブローチピンを縫いつける。

編み方参考ページ
- モチーフ＝P.46小花のモチーフ、P.48立体花のモチーフ、P.51編み玉のモチーフ(目数、段数は異なる)、P.53葉のモチーフ
  (土台は編み玉のモチーフの要領)
- 編み終わり、糸の始末＝P.41編み終わり、P.42糸の始末

モチーフの必要枚数

	a	b	c	d
立体花	3	2	3	
小花	3		3	3
葉		3	5	3
編み玉		3	3	
土台	1	1	1	1

仕上げ方　※b～dはaの要領で作る

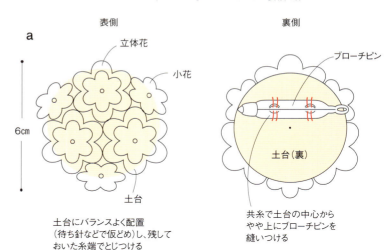

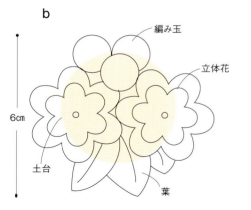

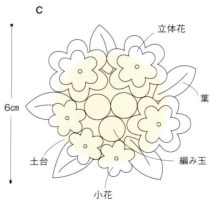

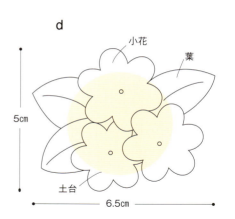

モチーフの寸法と編み方記号図

※立体花、小花は編み始めの糸端、葉、編み玉は編み終わりの糸端をとじつけ用に約10cm残し、土台は糸の始末をする

小花

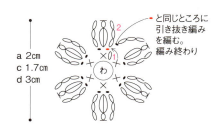

a 2cm
c 1.7cm
d 3cm

葉

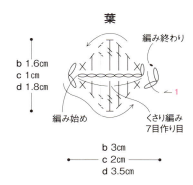

b 1.6cm
c 1cm
d 1.8cm

b 3cm
c 2cm
d 3.5cm

土台

※a=8段、b=7段、c=9段、d=6段で編み終える

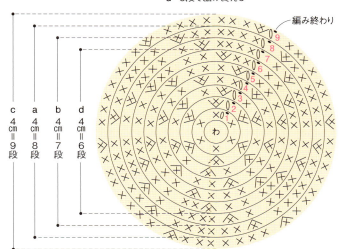

c 4cm=9段
a 4cm=8段
b 4cm=7段
d 4cm=6段

立体花

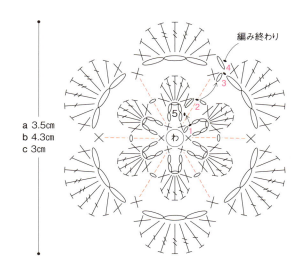

a 3.5cm
b 4.3cm
c 3cm

編み玉

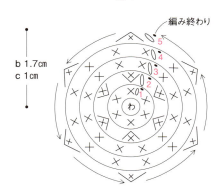

b 1.7cm
c 1cm

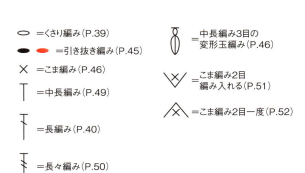

◯ =くさり編み(P.39)
● =引き抜き編み(P.45)
× =こま編み(P.46)
丅 =中長編み(P.49)
= 長編み(P.40)
= 長々編み(P.50)
= 中長編み3目の変形玉編み(P.46)
= こま編み2目編み入れる(P.51)
= こま編み2目一度(P.52)

79

＊花や葉のラリエット … 8ページ

サイズ 長さ174cm

糸 オリムパスエミーグランデ　生成り(804)30g

針 0号レース針　とじ針

その他 手芸綿

ゲージ 本体のくさり編み30目＝8.5cm

モチーフの大きさ 寸法と編み方記号図を参照

編み方 糸は1本どり。

1 モチーフ(小花、立体花、編み玉、葉)は、指定の枚数を編む。糸端を使って土台につけるものがあるので、糸の始末は注意する。

2 本体は81ページを参照し、引き抜き編みで葉のモチーフをつなぎながら編む。

3 81ページの仕上げ方を参照し、それぞれモチーフの糸端で本体につける。

編み方参考ページ

・モチーフ＝P.46小花のモチーフ、P.48立体花のモチーフ、
　　　　　　P.51編み玉のモチーフ、P.53葉のモチーフ
・本体の引き抜き編み＝P.66モチーフとモチーフを引き抜き編みでつなぐ
・編み終わり、糸の始末＝P.41編み終わり、P.42糸の始末

モチーフの寸法と編み方記号図

※立体花、小花は編み始めの糸端、編み玉は編み終わりの糸端を
とじつけ用に約10cm残し、葉は糸の始末をする

立体花 8枚

編み玉 7個

1.7cm

小花 7枚

3cm

と同じところに
引き抜き編み
を編む。
編み終わり

葉 29枚

1.6cm

編み終わり

編み始め

くさり編み
7目作り目

3cm

⬭ ＝くさり編み(P.39)

⬤ 🔴 ＝引き抜き編み(P.45)

✕ ＝こま編み(P.46)

┬ ＝中長編み(P.49)

╪ ＝長編み(P.40)

╪ ＝長々編み(P.50)

⬮ ＝中長編み3目の
　　変形玉編み(P.46)

⋉ ＝こま編み2目
　　編み入れる(P.51)

⋀ ＝こま編み2目一度(P.52)

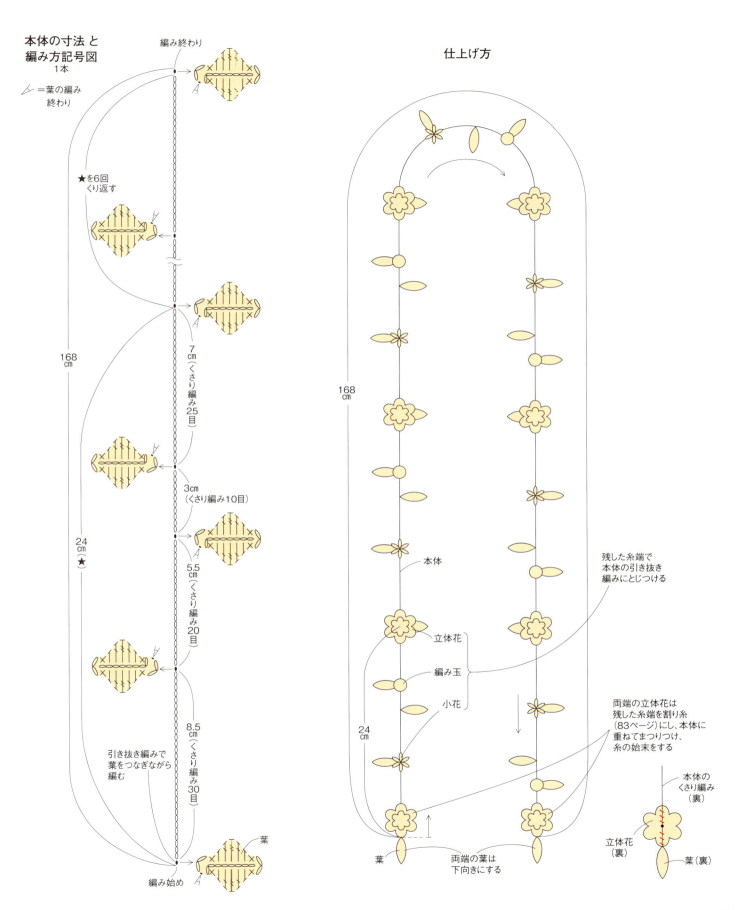

＊モチーフ＋ビーズのラリエット … 10ページ

- **サイズ** 長さ約165cm
- **糸** オリムパスエミーグランデ ベージュ(731)20g
- **針** 0号レース針 とじ針
- **その他** 丸大ビーズ(ゴールド／3ミリ)436個 手芸綿
- **ゲージ** 本体8段=7.5cm
- **モチーフの大きさ** 寸法と編み方記号図を参照

編み方参考ページ
- 糸にビーズを通す、ビーズを編み込む＝P.62ビーズの編み込み
- 本体＝P.39四角形のモチーフ、P.63長編み1個にビーズ1個を編み込む
- モチーフ＝P.39四角形のモチーフ、P.43三角形のモチーフ、P.44円形のモチーフ、P.51編み玉のモチーフ
- 編み終わり、糸の始末＝P.41編み終わり、P.42糸の始末

編み方 糸は1本どり。

1. 糸にビーズを436個通す。
2. 本体はビーズを編み込みながら編み、糸を切る。同じものを4本編む。
3. モチーフ(ビーズ入り編み玉)は、こま編み1目に1目ずつビーズを編み込みながら編み、糸を切る。同じものを2個作る。
4. モチーフ(円形、四角形、三角形、編み玉)は、指定の枚数を編む。糸端を使って土台につけるものがあるので、糸の始末は注意する。
5. 83ページの仕上げ方を参照し、①～③の順にラリエットにする。

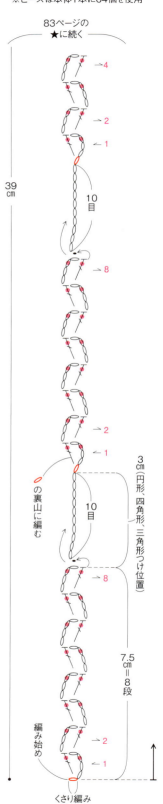

本体 4本
※ビーズは本体1本に64個を使用

モチーフと本体の寸法と編み方記号図
※本体の糸端、円形、四角形、三角形の編み終わりの糸端はとじつけ用に約10cm残し、その他は糸の始末をする
凡例は83ページ参照

円形 4枚
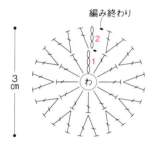

四角形 4枚
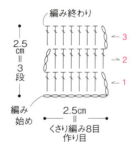

三角形 4枚
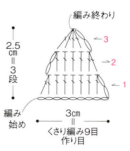

編み玉 3個
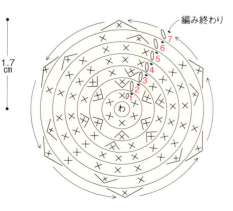

ビーズ入り編み玉 2個
※ビーズは編み玉1個に90個を使用し、ビーズを表(編み地は裏)にして仕上げる
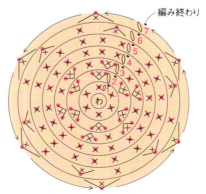

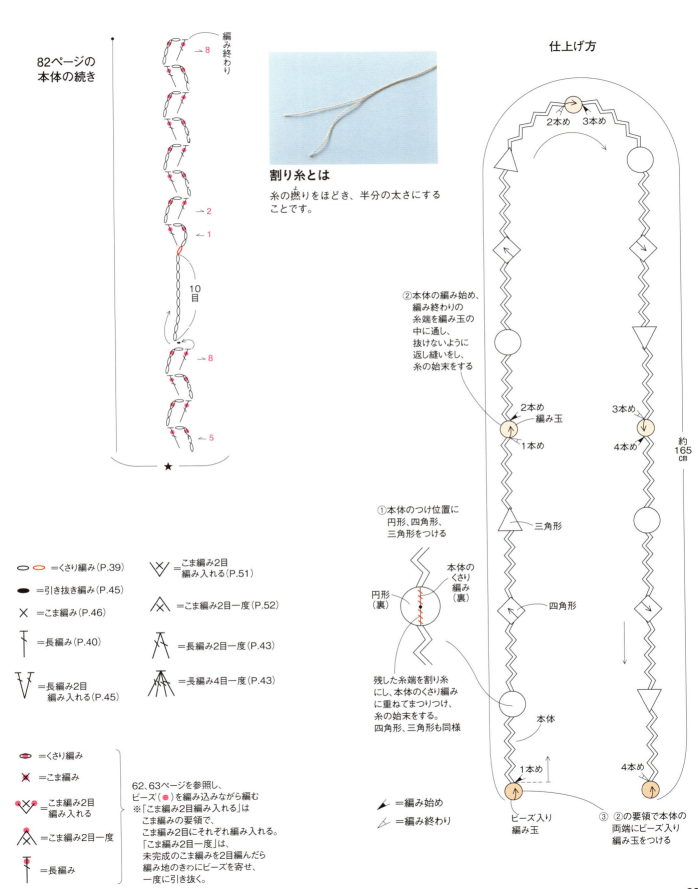

＊大小のコースター … 12ページ

a、c
- サイズ　11.5cm×11.5cm
- 糸　オリムパスエミーグランデ＜ハウス＞
  　　a淡茶(H4)10g　cベージュ(H3)11g
- 針　3/0号かぎ針　とじ針
- ゲージ　方眼編み　29.5目×10.5段＝10cm角

b、d
- サイズ　6.5cm×6.5cm
- 糸　オリムパス金票40番レース糸
  　　b淡茶(813)3g　d生成り(852)3g
- 針　8号レース針　とじ針
- ゲージ　方眼編み　31目＝6cm、11段＝6cm

編み方(a〜d共通)　糸は1本どり。
1. くさり編み31目を作り目し、方眼編みで11段編む。
2. 糸を続けて、まわりに縁編みを1段編む。糸を切り、糸の始末をする。

編み方参考ページ
- 作り目、方眼編み＝P.39四角形のモチーフ、P.54束に編む
- 縁編み＝P.55縁編み
- 編み終わり、糸の始末＝P.41編み終わり、P.42糸の始末

編み方記号図

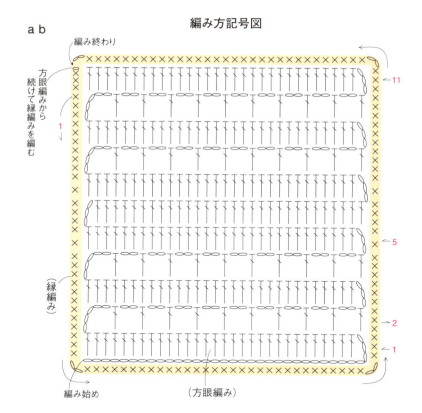

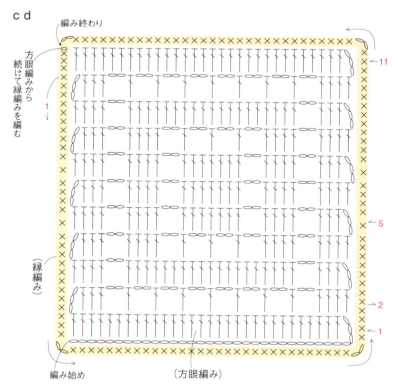

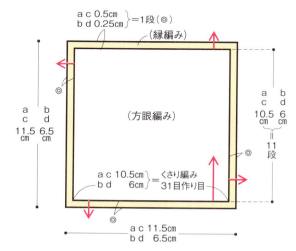

寸法図

○ ＝くさり編み(P.39)　　X ＝こま編み(P.46)
● ＝引き抜き編み(P.45)　T ＝長編み(P.40)

＊ダイヤ柄のミニマット … 13ページ

サイズ 21.5cm×13.5cm
糸 オリムパスエミーグランデ〈ハウス〉
　　　生成り(H2)20g
針 3/0号かぎ針　とじ針
ゲージ 方眼編み　9.5マス×11段＝10cm角

編み方　糸は1本どり。
1. くさり編み58目を作り目し、方眼編みで13段編む。
2. 糸を続けて、まわりに縁編みを2段編む。糸を切り、糸の始末をする。

編み方参考ページ
・作り目、方眼編み＝P.39四角形のモチーフ、P.54束に編む
・縁編み＝P.55縁編み
・編み終わり、糸の始末＝P.41編み終わり、P.42糸の始末

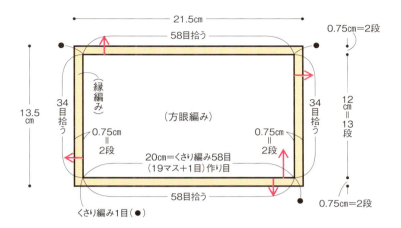

寸法図
※縁編みの拾い目数は編み方記号図参照

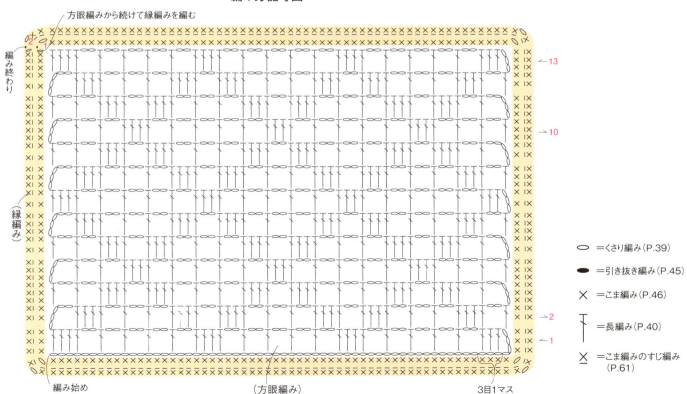

編み方記号図

＊バラ模様のミニストール … 14 ページ

サイズ　幅11.5cm　長さ106cm
糸　オリムパスエミーグランデ　生成り(804)55g
針　0号レース針　とじ針
ゲージ　方眼編み　13マス×12段＝10cm角

編み方　糸は1本どり。

1. くさり編み46目を作り目し、寸法図の上側の方眼編みを増減なく56段、くさり編みと引き抜き編みで目を減らしながら7段編み、糸を切る。
2. 作り目の反対側に糸をつけ、下側の1段めは編み方記号図のように編み、2〜57段めは上側の1〜56段めと同様にし、続けて目を減らして7段編む。糸を切り、糸の始末をする。

編み方参考ページ
・作り目、方眼編み＝P.39四角形のモチーフ、P.54束に編む
・糸をつける＝P.64糸をつける
・編み終わり、糸の始末＝P.41編み終わり、P.42糸の始末

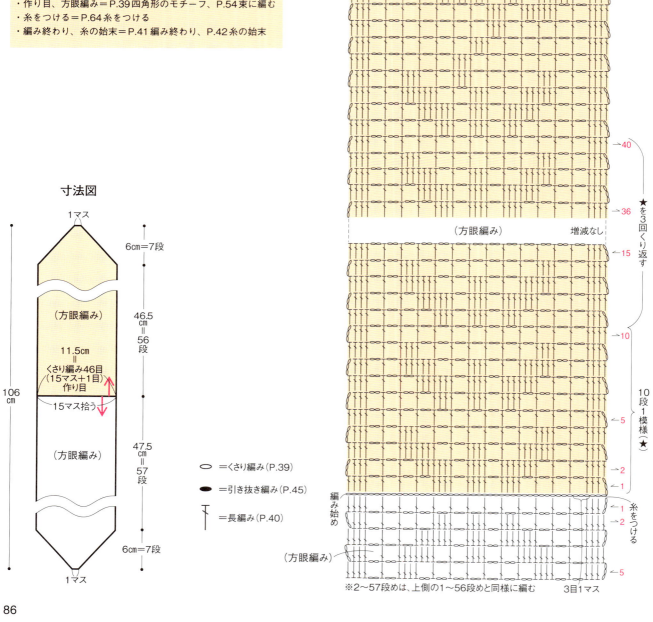

＊大小のモチーフ … 16ページ

a
- サイズ　直径10cm
- 糸　オリムパスエミーグランデ〈ハーブス〉　白(800)4g
- 針　0号レース針 とじ針　ゲージ　長編み1段＝0.9cm

b
- サイズ　直径6.5cm
- 糸　オリムパス金票40番レース糸　白(801)2g
- 針　8号レース針 とじ針　ゲージ　長編み1段＝0.6cm

c
- サイズ　直径9.5cm
- 糸　オリムパスエミーグランデ　生成り(804)4g
- 針　0号レース針 とじ針　ゲージ　長編み1段＝0.9cm

d
- サイズ　直径7cm
- 糸　オリムパス金票40番レース糸　生成り(852)2g
- 針　8号レース針 とじ針　ゲージ　長編み1段＝0.6cm

編み方　糸は1本どり。

a、b
1. 糸端を輪にする方法で、1段めは立ち上がりのくさり編みを1目編み、こま編みを8目編む。段の終わりは最初のこま編みの頭に引き抜き編みを編む。
2. 2段め以降は編み方記号図を参照し、6段編んだら糸を切り、糸の始末をする。

c、d
1. 糸端を輪にする方法で、1段めは立ち上がりのくさり編みを3目編み、長編み1目を編む。次からは「くさり編み3目、長編み2目の玉編み」を7回くり返し、くさり編みを3目編む。段の終わりは最初の長編みの頭に引き抜き編みを編む。
2. 2段め以降は編み方記号図を参照し、6段編んだら糸を切り、糸の始末をする。

> **編み方参考ページ**
> ・糸端を輪にする方法～1段め＝a、bはP.46小花のモチーフ
> 　　　　　　　　　　　　c、dはP.44円形のモチーフ
> ・2段め以降＝P.57次の段への移り方
> ・編み終わり、糸の始末＝P.41編み終わり、P.42糸の始末

- ◯ ＝くさり編み(P.39)
- ● ＝引き抜き編み(P.45)
- ✕ ＝こま編み(P.46)
- T ＝中長編み(P.49)
- ＝長編み(P.40)
- ＝くさり編み3目のピコット(P.59)
- ＝長編み2目一度(P.43)
- ＝長編み2目の玉編み(P.88)　※束(P.54)に編む
- ＝長編み3目一度(P.58)

寸法と編み方記号図

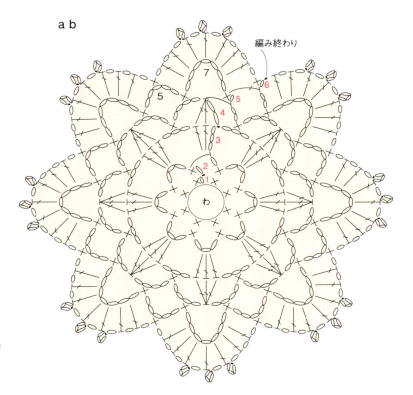

a b　　a 10cm / b 6.5cm

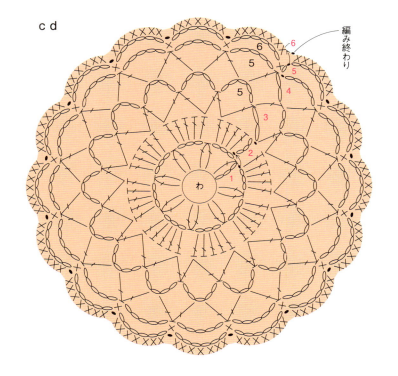

c d　　c 9.5cm / d 7cm

✽ファスナーつきポーチ … 15ページ

- **サイズ** 入れ口幅18cm 深さ10cm
- **糸** オリムパスエミーグランデ 白(801)20g
- **針** 0号レース針 とじ針
- **その他** オリムパス編み付けファスナーAF4
  （白／長さ約17cm、穴直径約2mm）1本
  白の縫い糸 縫い針
  安全ピン（糸や段数リングでも可）
- **ゲージ** 模様編みA、B 36目=10cm、10段=8.5cm

この作品の編み付けファスナーは2023年3月現在、生産を終了しています。心よりお詫び申し上げます。代替えとして、市販のファスナーに裁縫道具の消えるペンなどで等間隔に印をつけ、目打ちでレース針を入れる穴をあけます。レース針でその穴に編みつけてポーチを完成させてから、好みのレースをファスナーに縫い付けるとでき上がります。

編み方 糸は1本どり。

1. 89ページの編み方記号図と70ページの写真を参照し、①から番号順にファスナーに模様編みAを編み、続けて模様編みBを輪に編み、糸を切る。
2. 仕上げ方を参照し、ファスナーとフリルを縫い糸、縫い針で縫う。
3. 71ページの写真を参照し、底を巻きかがり、糸の始末をする。

> **編み方参考ページ**
> ・模様編みA、B＝P.54束に編む
> ・編み終わり、糸の始末＝P.41編み終わり、P.42糸の始末

寸法図

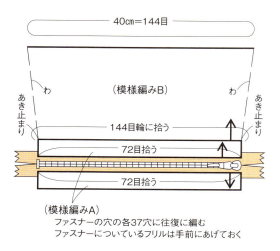

仕上げ方

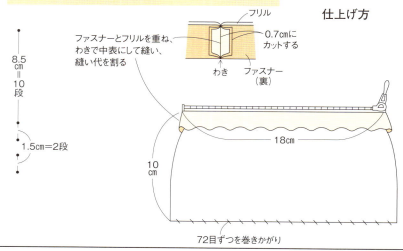

本誌共通基礎　長編み2目の玉編みの編み方

※目に編む編み方です（2段め以降は、前段の頭に編む）。

1 針に糸をかけ、作り目のくさり編みの裏山に針を入れ、未完成の長編み（40ページ-13）を編む。

2 針に糸をかけ、1と同じところに針を入れ、未完成の長編みを編む。

3 未完成の長編みが2目編めた。針に糸をかけ、一度に引き抜く。

4 長編み2目の玉編みが編めた。

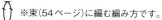

※束(54ページ)に編む編み方です。

1 針に糸をかけ、前段のくさり編みをそっくりすくい、上記と同じ長編み2目の玉編みを編む。

2 長編み2目の玉編みができた。前段の目に編みつけていないので、根元は左右に動く。

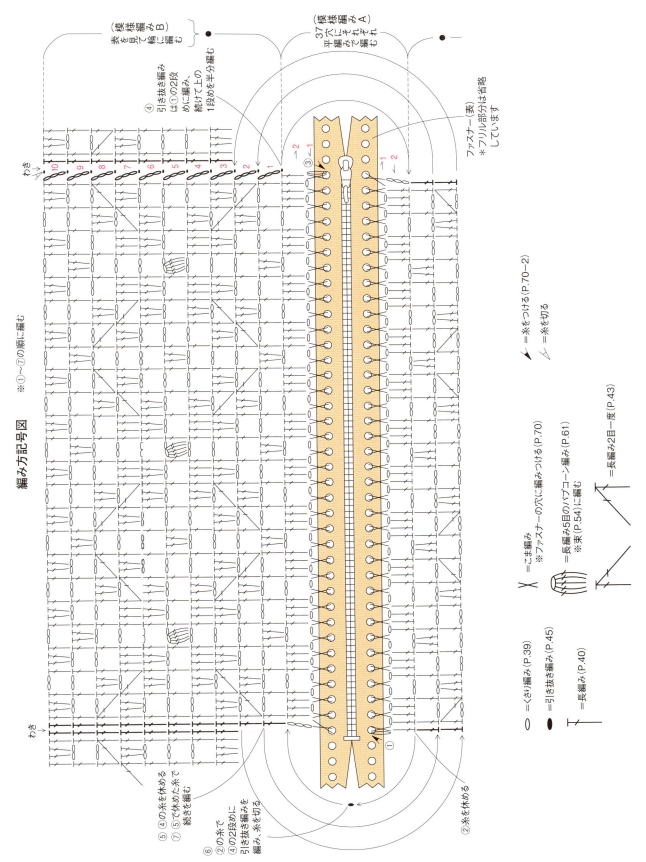

＊小さなドイリー … 17ページ

a

サイズ 直径14cm
糸 オリムパスエミーグランデ 白(801)9g
針 0号レース針 とじ針
ゲージ 長編み1段＝0.8cm

編み方 糸は1本どり。
1 糸端を輪にする方法で、1段めは立ち上がりのくさり編みを1目編み、こま編みを16目編む。段の終わりは最初のこま編みの頭に引き抜き編みを編む。
2 2段め以降は編み方記号図を参照し、8段編んだら糸を切り、糸の始末をする。

編み方参考ページ
・糸端を輪にする方法～1段め＝P.44円形のモチーフ、
　　　　　　　　　　　　P.46小花のモチーフ
・2段め以降＝P.57次の段への移り方
・編み終わり、糸の始末＝P.41編み終わり、P.42糸の始末

寸法と編み方記号図

b

サイズ　直径15cm
糸　オリムパスエミーグランデ＜ハーブス＞　白(800)9g
針　0号レース針　とじ針
ゲージ　長編み1段＝0.8cm

編み方　糸は1本どり。
1 糸端を輪にする方法で、1段めはくさり編みを4目編む(立ち上がり3目を含む)。次からは「長編み1目、くさり編み1目」を11回くり返す。段の終わりは立ち上がりのくさり編み3目めに引き抜き編みを編む。
2 2段め以降は編み方記号図を参照し、7段編んだら糸を切り、糸の始末をする。

編み方参考ページ
・糸端を輪にする方法～2段め＝P.44円形のモチーフ
・3段め以降＝P.57次の段への移り方
・編み終わり、糸の始末＝P.41編み終わり、P.42糸の始末

寸法と編み方記号図

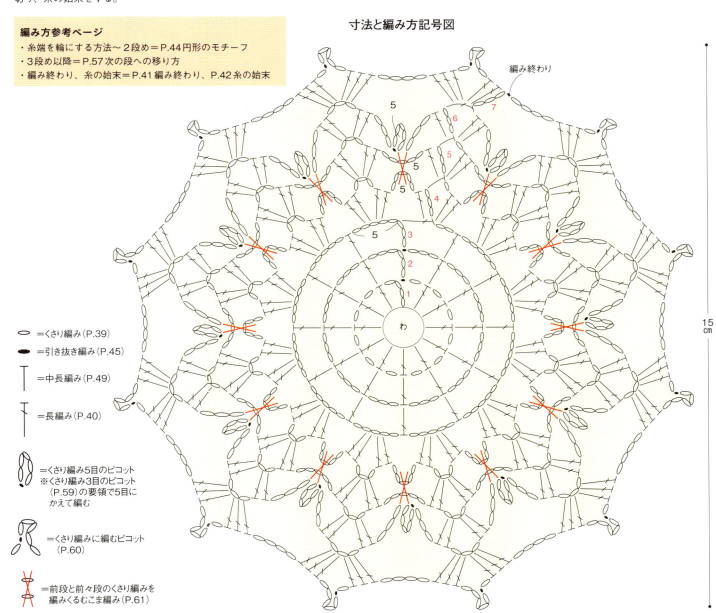

＊ひし形のミニマット …18ページ

サイズ 図参照
糸 オリムパスエミーグランデ 白(801)15g
針 0号レース針 とじ針
モチーフの大きさ 直径6cm

編み方 糸は1本どり。
1 モチーフは①(1枚め)から番号順に編む。糸端を輪にする方法で、1段めは立ち上がりのくさり編みを1目編み、こま編みを1目編む。次からは「くさり編み5目、こま編み1目」を5回くり返し、段の終わりはくさり編み2目を編み、最初のこま編みの頭に長編みを編む。
2 2段め以降は編み方記号図を参照し、3段編んだら糸を切る。
3 ②(2枚め)は①と同様に2段めまで編み、3段めで引き抜き編みで①につなぎながら編み、糸を切る。
4 ③(3枚め)以降は②(2枚め)と同様にし、全部で9枚を編みつなぐ。糸の始末をする。

編み方参考ページ
・①(1枚め)＝P.44円形のモチーフ、P.57次の段への移り方
・②(2枚め)以降のつなぎ方＝P.66モチーフとモチーフを引き抜き編みでつなぐ
・編み終わり、糸の始末＝P.41編み終わり、P.42糸の始末

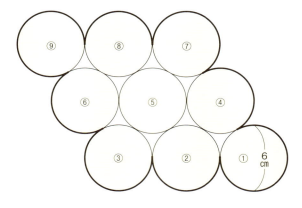

寸法配置図
※○の数字はモチーフを編んでつなぐ順番
(モチーフつなぎ)
9枚

モチーフの編み方、つなぎ方

◯ ＝くさり編み(P.39)
● ＝引き抜き編み(P.45)
× ＝こま編み(P.46)
╪ ＝長編み(P.40)
＝長編み3目の玉編み
※長編み2目の玉編み(P.88)の要領で3目にかえて束(P.54)に編む
＝くさり編み3目のピコット(P.59)
╱ ＝糸を切る

＊丸い形のミニマット …18ページ

サイズ 図参照
糸 オリムパスエミーグランデ
　　　＜ハーブス＞ 白(800)12g
針 0号レース針　とじ針
モチーフの大きさ 直径5.5cm

編み方 糸は1本どり。

1. モチーフは①(1枚め)から番号順に編む。糸端を輪にする方法で、1段めは立ち上がりのくさり編みを3目編み、長編み2目の玉編みを1目編む。次からは「くさり編み5目、長編み3目の玉編み1目」を5回くり返し、段の終わりはくさり編み2目を編み、最初の玉編みの頭に長編みを編む。
2. 2段め以降は編み方記号図を参照し、3段編んだら糸を切る。
3. ②(2枚め)は①と同様に2段めまで編み、3段めで引き抜き編みで①につなぎながら編み、糸を切る。
4. ③(3枚め)以降は②(2枚め)と同様にし、全部で7枚を編みつなぐ。糸の始末をする。

編み方参考ページ
・①(1枚め)＝P.44円形のモチーフ、P.57次の段への移り方
・②(2枚め)以降のつなぎ方＝P.66モチーフとモチーフを引き抜き編みでつなぐ
・編み終わり、糸の始末＝P.41編み終わり、P.42糸の始末

寸法配置図
※○の数字はモチーフを編んでつなぐ順番

(モチーフつなぎ)
7枚

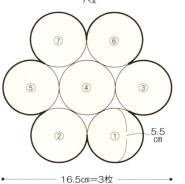

モチーフの編み方、つなぎ方

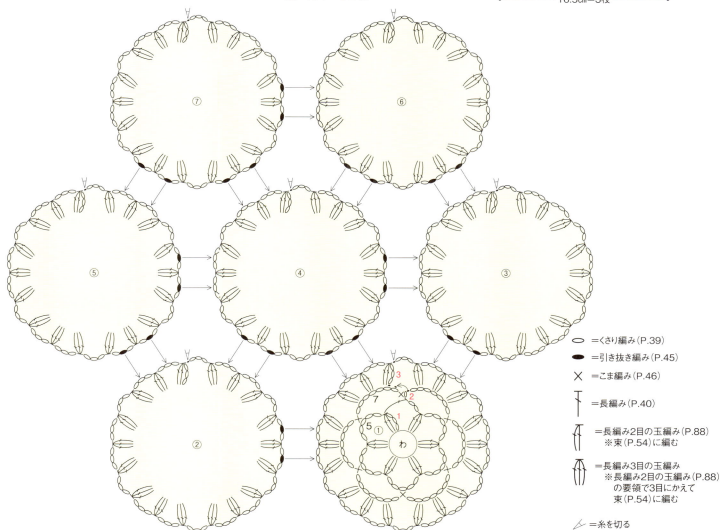

＊大小モチーフのミニストール …19ページ

サイズ 幅13cm 長さ78cm
糸 オリムパスエミーグランデ 生成り(804) 40g
針 0号レース針 とじ針
モチーフの大きさ A 直径6.5cm

編み方 糸は1本どり。
1. モチーフAは①(1枚め)から番号順に編む。糸端を輪にする方法で、1段めはくさり編みを8目編む(立ち上がり3目を含む)。次からは「長編み1目、くさり編み5目」を6回くり返し、長編み1目を編む。段の終わりはくさり編みを2目編み、立ち上がりのくさり編み3目に長編みを編む。
2. 2段め以降は編み方記号図を参照し、3段編んだら糸を切る。
3. ②(2枚め)は①と同様に2段めまで編み、3段めで引き抜き編みで①につなぎながら編み、糸を切る。
4. ③(3枚め)以降は②(2枚め)と同様にし、全部で24枚を編みつなぐ。
5. モチーフBはAと同様に1段めを編み、2段めで引き抜き編みでAにつなぎながら編み、糸を切る。
6. Bを全部で11枚編みつなぎ、糸の始末をする。

編み方参考ページ
・A①(1枚め)＝P.44円形のモチーフ、P.57次の段への移り方
・A②(2枚め)以降のつなぎ方＝P.66モチーフとモチーフを引き抜き編みでつなぐ
・Bのつなぎ方＝P.67先につないだモチーフの引き抜き編みにつなぐ
・編み終わり、糸の始末＝P.41編み終わり、P.42糸の始末

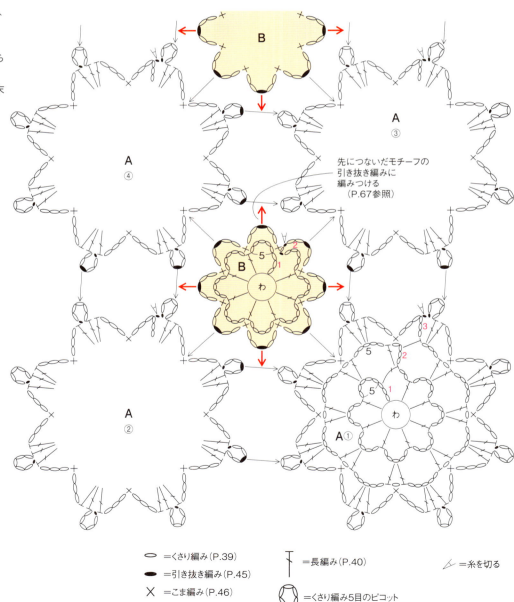

＊白いスペアカラー … 20ページ

サイズ 首まわり48cm 幅6.5cm
糸 オリムパスエミーグランデ 白(801)25g
針 0号レース針 とじ針
その他 直径0.8cmのボタン1個 白の縫い糸 縫い針
ゲージ 長編み1段＝0.7cm

編み方 糸は1本どり。
1. くさり編み153目を作り目し、模様編みで編み方記号図のように14段編み、糸を切る。
2. 指定の位置に糸をつけ、ボタンかけループを編み、糸を切る。
3. 糸の始末をし、ボタンをつける。

編み方参考ページ
- 作り目、模様編み＝P.39四角形のモチーフ、P.54束に編む
- ボタンかけループ＝P.64糸をつける
- 編み終わり、糸の始末＝P.41編み終わり、P.42糸の始末

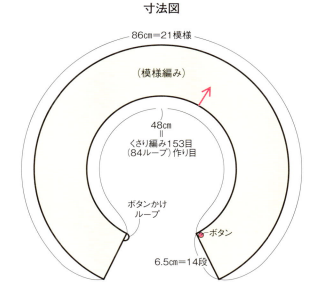

寸法図

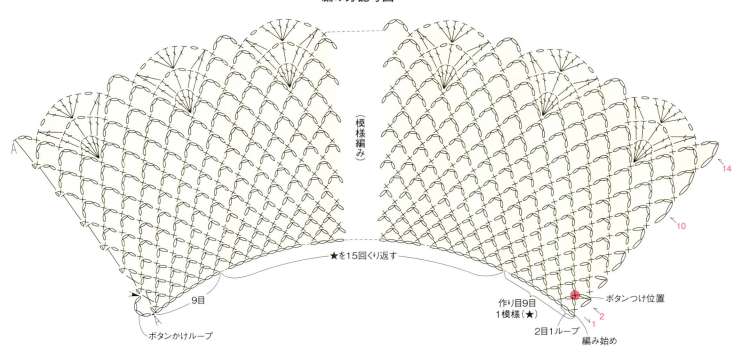

編み方記号図

＊ひも結びの巾着 … 21ページ

サイズ 入れ口まわり32cm　深さ12.5cm
糸 オリムパスエミーグランデ〈ハーブス〉　白(800)40g
針 0号レース針　とじ針
ゲージ こま編み　35目=10cm、17段=5cm
　　　　模様編み　2模様=約2.3cm、17段=10cm

編み方　糸は1本どり。
1. 底は糸端を輪にする方法で、1段めは立ち上がりのくさり編みを1目編み、こま編みを8目編む。段の終わりは最初のこま編みの頭に引き抜き編みを編む。
2. 2段め以降は編み方記号図を参照し、目を増しながら17段めまで編む。
3. 糸を続けて側面を編む。こま編み(1段めはこま編みのすじ編み)で増減なく10段編み、模様編みを17段編む。
4. 糸を続けて入れ口を縁編みで5段編み、糸を切る。
5. ひもを2本、編み玉を2個編む。
6. 仕上げ方と97ページの編み方記号図を参照し、縁編みの1段めにひもを通し、ひもの端に編み玉をつけ、糸の始末をする。

スレッドコードの編み方

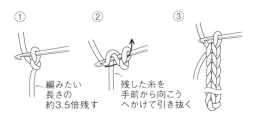

編み方参考ページ
・底(糸端を輪にする方法〜1段め)=P.44円形のモチーフ、
　　　　　　　　　　　　　　　P.46小花のモチーフ
・底(2段め以降)=P.51編み玉のモチーフ
・側面(模様編み)、入れ口=P.54束に編む、
　　　　　　　　　　　P.57次の段への移り方
・編み玉=P.51編み玉のモチーフ(手芸綿は残り糸で代用。)
・編み終わり、糸の始末=P.41編み終わり、P.42糸の始末

寸法図

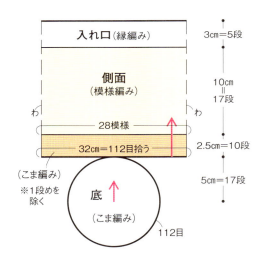

仕上げ方

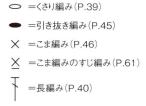
○ =くさり編み(P.39)
● =引き抜き編み(P.45)
× =こま編み(P.46)
× =こま編みのすじ編み(P.61)
╎ =長編み(P.40)
◯ =中長編み3目の変形玉編み(P.46)

= くさり編み3目のピコット(P.59)
= 中長編み3目の変形玉編みと長編みの2目一度(P.59)
∨ = ∨ こま編み2目編み入れる(P.51)
∧ = ∧ こま編み2目一度(P.52)
⌒ 5 = くさり編み5目の略

編み玉 2個
※3段めは4か所で増し目、6段めは4か所で減らし目をする

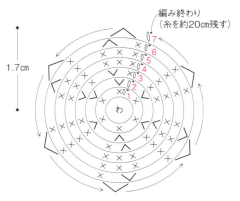

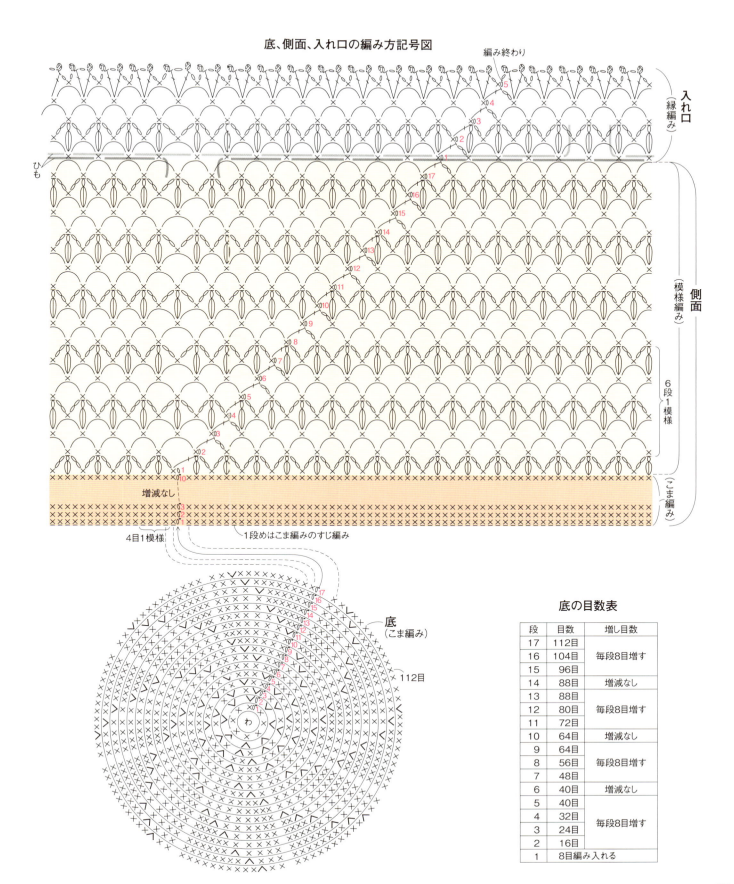

＊ボタンどめのポーチ…21ページ

サイズ　入れ口幅16cm　深さ10.5cm
糸　オリムパスエミーグランデ　ベージュ(731)27g
針　0号レース針　とじ針
その他　直径1.5cmのボタン1個
　　　　　ベージュの縫い糸　縫い針　待ち針
ゲージ　模様編み　1模様＝約2.9cm、16段＝10cm

編み方　糸は1本どり。
1. 前後側面はくさり編み61目を作り目し、99ページの編み方記号図を参照し、模様編みで増減なく33段編む。
2. 糸を続けて、ふたは両端で目を減らしながら12段編み、糸を切る。
3. 作り目の反対側に糸をつけ、入れ口にこま編みを1段編む（巻きかがり用に編み始めと編み終わりの糸端を約30cm残す）。
4. 仕上げ方と下の写真を参照し、前後側面＋入れ口のわきを巻きかがる。糸の始末をし、ボタンをつける。

編み方参考ページ
・作り目、模様編み＝P.39四角形のモチーフ、P.54束に編む
・入れ口のこま編み＝P.64糸をつける、P.54束に編む
・編み終わり、糸の始末＝P.41編み終わり、P.42糸の始末

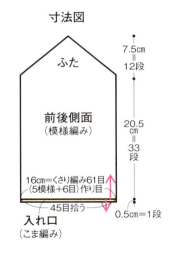

寸法図

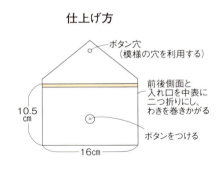

仕上げ方

前後側面＋入れ口のわきの巻きかがり
※わかりやすいように、糸の色をかえています。

1 前後側面と入れ口を中表に半分に折り、待ち針で均等にとめる。

2 入れ口で残した糸端約30cmをとじ針に通す。端の目を割る（立ち上がりの目は中央に針を入れる）ようにしてそれぞれ針を入れる。

3 糸端を引き、2と同じところにもう一度、針を入れる。

4 糸端を引き、側面の少し先のところで2と同様に針を入れる。

5 4をくり返す（おおよそ2段で3〜4カ所に針を入れる）。

6 側面の片方のわきを巻きかがった。糸の始末をする。

7 表に返すと、写真のように巻きかがりの糸が見える。もう片方のわきも同様にする。

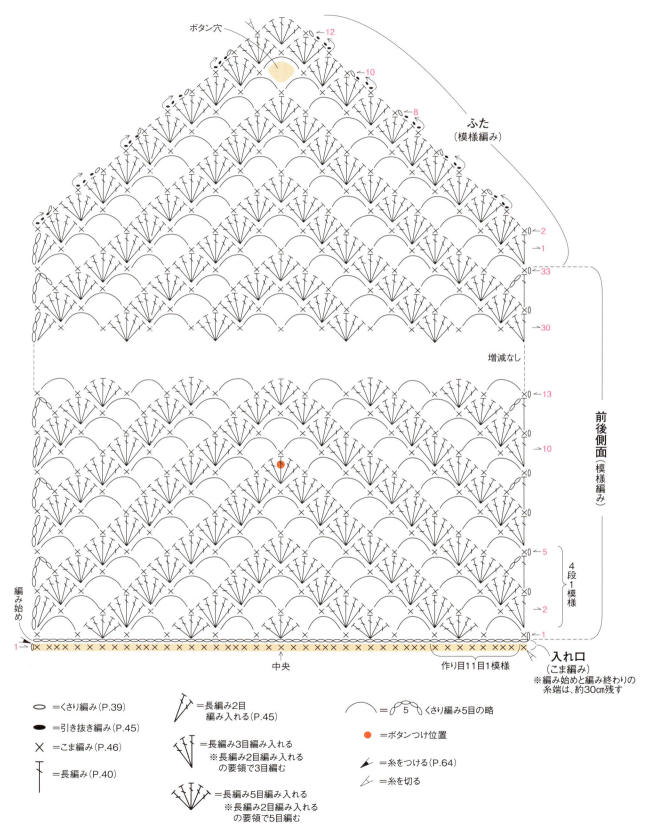

＊ネット編みの三角ショール … 22ページ

サイズ 幅113cm 長さ45.5cm
糸 オリムパスエミーグランデ 生成り(804)110g
針 0号レース針 とじ針
ゲージ ネット編み 1ループ＝1.3cm、19段＝10cm

編み方 糸は1本どり。
1. くさり編み1目を作り目し、ネット編みで編み方記号図のように両端で目を増しながら80段編む。
2. 糸を続けて、ネット編みの一辺(上側)に縁編みAを1段編む。
3. 糸を続けて、ネット編みの二辺(両側)に縁編みBを3段編んで糸を切り、糸の始末をする。

編み方参考ページ
- 作り目、ネット編み＝P.39四角形のモチーフ、P.54束に編む
- 縁編みA、B＝P.55縁編み
- 編み終わり、糸の始末＝P.41編み終わり、P.42糸の始末

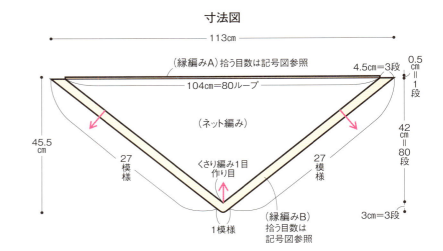

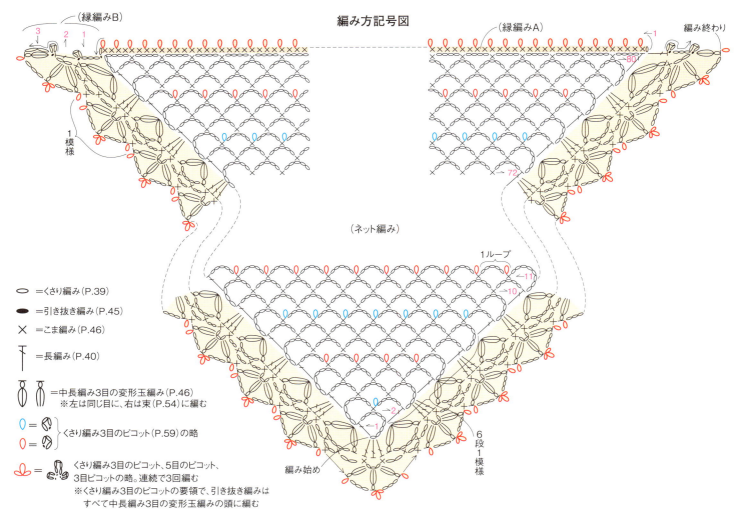

＊ドイリー 3種 … 24ページ

a
- サイズ　直径20cm
- 糸　オリムパスエミーグランデ
  　　　生成り(804)11g
- 針　0号レース針　とじ針
- その他　丸大ビーズ(水色/3ミリ)48個、
  　　　特大ビーズ(シルバー/4ミリ)24個
- ゲージ　長編み1段=0.8cm

b
- サイズ　直径19.5cm
- 糸　オリムパスエミーグランデ〈ハーブス〉
  　　　白(800)11g
- 針　0号レース針　とじ針
- ゲージ　長編み1段=0.8cm

c
- サイズ　直径14.5cm
- 糸　オリムパス金票40番レース糸
  　　　白(801)4g
- 針　8号レース針　とじ針
- ゲージ　長編み1段=0.6cm

編み方(a〜c共通)　糸は1本どり。aは糸にビーズを通しておく。

1. 糸端を輪にする方法で、1段めは立ち上がりのくさり編みを4目編み、長々編みを1目編む。次からは「くさり編み5目、長々編み2目の玉編み1目」を7回くり返し、くさり編みを5目編む。段の終わりは最初の長々編みの頭に引き抜き編みを編む。

2. 2段め以降は編み方記号図を参照し、10段編んだら(aのみ10段めでビーズを編み込む)糸を切り、糸の始末をする。

編み方参考ページ
- 糸にビーズを通す、ビーズを編み込む(aのみ)
  =P.62 ビーズの編み込み
- 糸端を輪にする方法〜1段め=P.44 円形のモチーフ
- 2段め以降=P.54 束に編む
- 編み終わり、糸の始末=P.41 編み終わり、P.42 糸の始末

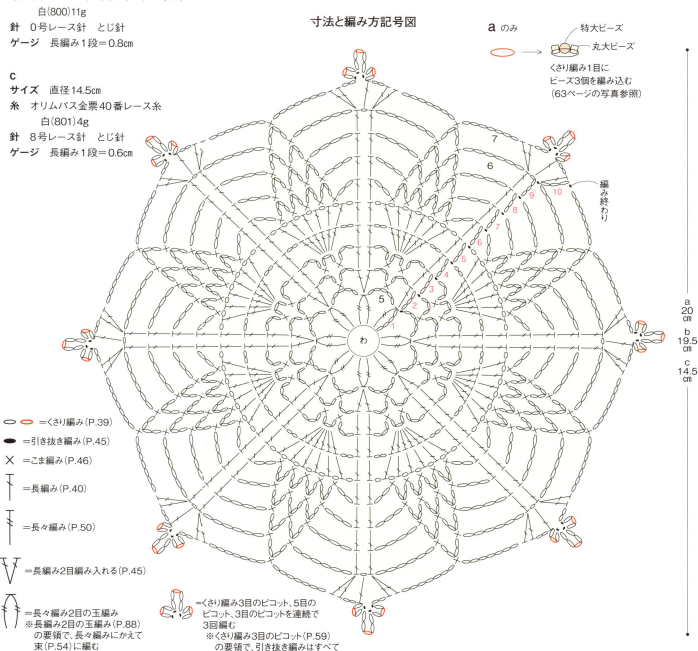

＊曲線ラインのミニストール … 26ページ

サイズ 幅（最大）13cm　長さ90cm
糸 オリムパスエミーグランデ　ベージュ(731)45g
針 0号レース針　とじ針
ゲージ 長編み10.5段＝10cm

編み方 糸は1本どり。
1. くさり編み17目を作り目し、寸法図の上側の模様編みを47段編み、糸を切る。
2. 作り目の反対側に糸をつけ、寸法図の下側の模様編みを上側と同様に47段編む。糸を切り、糸の始末をする。

編み方参考ページ
・作り目、模様編み＝P.39四角形のモチーフ、P.54束に編む
・糸をつける＝P.64糸をつける
・編み終わり、糸の始末＝P.41編み終わり、P.42糸の始末

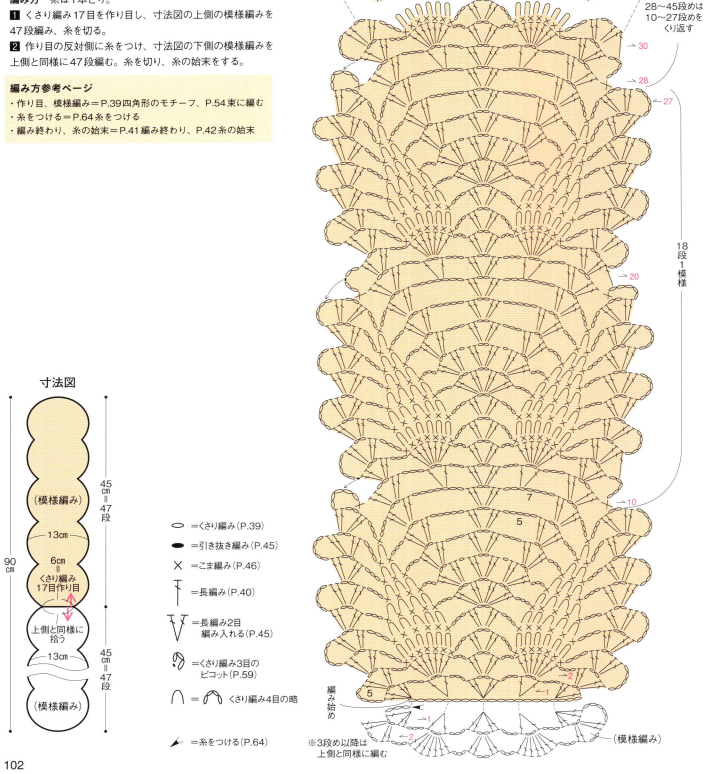

*斜め方向に編むミニストール… 27ページ

サイズ 幅12cm 長さ114cm
糸 オリムパスエミーグランデ 生成り(804)65g
針 0号レース針 とじ針
ゲージ 長編み4段=約3.5cm

編み方 糸は1本どり。
1. くさり編み52目を作り目し、模様編みを128段、縁編みを1段編み、糸を切る。
2. 作り目の反対側に糸をつけ、縁編みを1段編む。糸を切り、糸の始末をする。

> **編み方参考ページ**
> ・作り目、模様編み=P.39四角形のモチーフ、P.54束に編む
> ・糸をつける=P.64糸をつける
> ・編み終わり、糸の始末=P.41編み終わり、P.42糸の始末

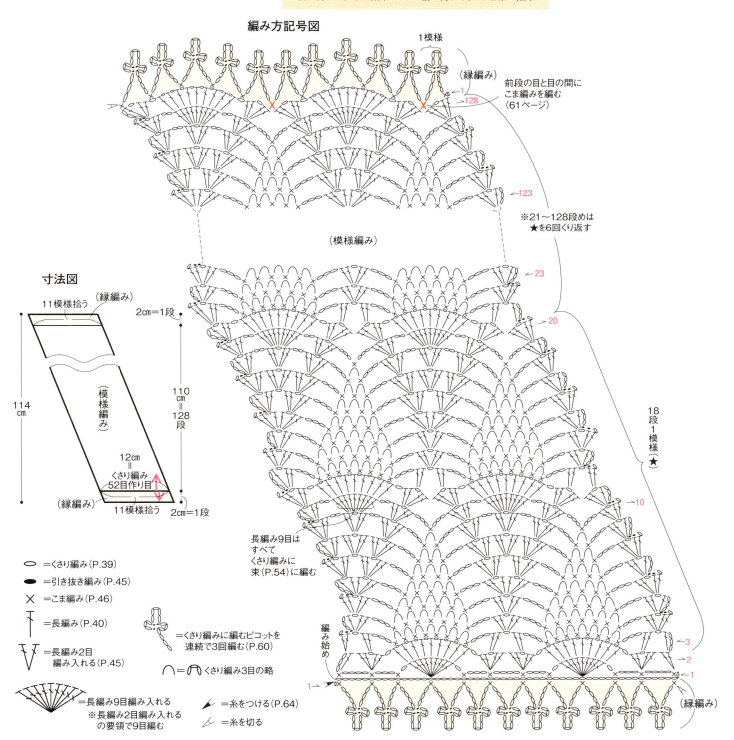

＊ブレード＋モチーフのミニマット … 28ページ

a
- サイズ　直径10cm
- 糸　オリムパスエミーグランデ＜ハウス＞　白(H1)5g
- 針　3/0号かぎ針　とじ針
- ゲージ　長編み1段＝1cm

編み方　糸は1本どり。
1. 105ページの寸法と編み方記号図を参照し、①はくさり編み3目を作り目し、「くさり編み5目、長編み3目」をくり返して28段編む。
2. 下の写真を参照し、①の作り目と編み終わりを巻きかがり、輪にする。
3. ②は糸端を輪にする方法でくさり編み7目を編み、①に引き抜き編みでつなぎ、くさり編み7目を編み、糸端の輪に引き抜き編みを編む。次からは「くさり編み7目、①に引き抜き編み、くさり編み7目、糸端の輪に引き抜き編み」を13回くり返し、糸を切る。
4. 糸の始末をする。

編み方参考ページ
- ①＝P.39 四角形のモチーフ
- ②(糸端を輪にする方法)＝P.44 円形のモチーフ
- ②(引き抜き編みでつなぐ)＝P.66 モチーフとモチーフを引き抜き編みでつなぐ
- 編み終わり、糸の始末＝P.41 編み終わり、P.42 糸の始末

b
- サイズ　直径15cm
- 糸　オリムパスエミーグランデ＜ハウス＞　白(H1)10g
- 針　3/0号かぎ針　とじ針
- ゲージ　長編み1段＝1cm

編み方　糸は1本どり。
1. 105ページの寸法と編み方記号図を参照し、①はくさり編み3目を作り目し、「くさり編み5目、長編み3目」をくり返して42段編む。
2. 下の写真の要領で、①の作り目と編み終わりを巻きかがり、輪にする。
3. ②は①の要領で編むが、①に引き抜き編みでつなぎながら28段編む。
4. ②の作り目と編み終わりを巻きかがり、輪にする。
5. ③は糸端を輪にする方法でくさり編み7目を編み、②に引き抜き編みでつなぎ、くさり編み7目を編み、糸端の輪に引き抜き編みを編む。次からは「くさり編み7目、②に引き抜き編み、くさり編み7目、糸端の輪に引き抜き編み」を13回くり返し、糸を切る。
6. 糸の始末をする。

編み方参考ページ
- ①、②＝P.39 四角形のモチーフ
- ③(糸端を輪にする方法)＝P.44 円形のモチーフ
- ②、③(引き抜き編みでつなぐ)＝P.66 モチーフとモチーフを引き抜き編みでつなぐ(2カ所に針を入れてつなぐ場合はP.68の5～7)
- 編み終わり、糸の始末＝P.41 編み終わり、P.42 糸の始末

a ①の巻きかがり

※わかりやすいように、糸の色をかえています(b ①、②も同様)。

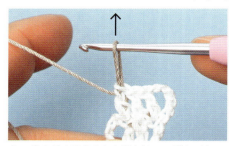

1 ①を編み終えたら糸端を約15cm残して切り、そのまま糸端を引き出す。

2 糸端をとじ針に通し、編み始めと突き合わせにする(輪の状態)。

3 作り目のくさり編み3目めの表の糸2本に針を入れ、編み終わりの最後の長編みの頭に針を入れる。

4 糸端を引き、作り目の2目めと左隣の長編みの頭に針を入れる。

5 糸端を引き、作り目の1目めと左隣の長編みの頭に針を入れ、さらにくさり編み1目めに針を入れて編み地の裏に糸端を出す。

6 作り目と最終段がつながり、輪になった。

寸法と編み方記号図

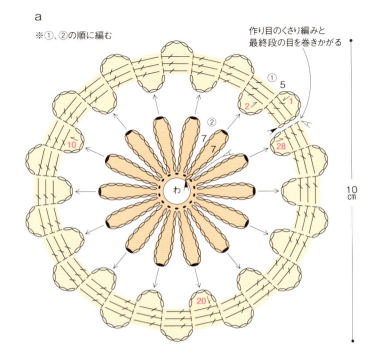

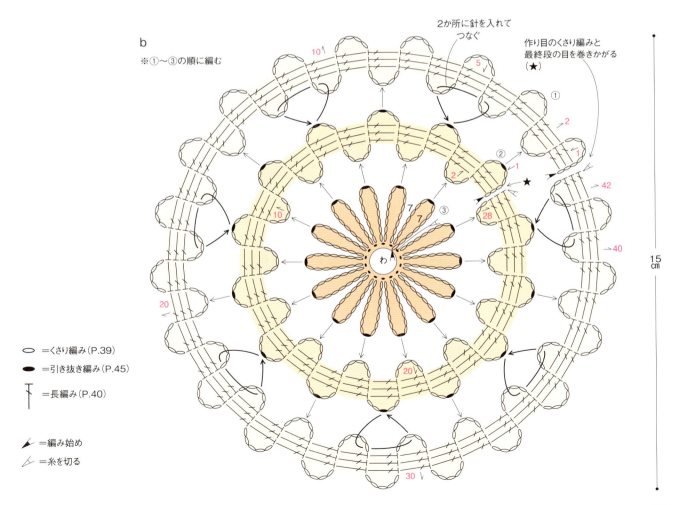

○ =くさり編み（P.39）
● =引き抜き編み（P.45）
↑ =長編み（P.40）

↗ =編み始め
✂ =糸を切る

＊ミニマットとコースター … 29ページ

コースター
サイズ 11.5cm×10.5cm
糸 オリムパスエミーグランデ＜ハウス＞
　　　淡茶(H4)、ベージュ(H3)各4g　生成り(H2)2g
針 3/0号かぎ針　とじ針
ゲージ ブレード　幅2.3cm、11.5段＝10cm

編み方　糸は1本どり。指定の色で編む。
1. ブレードは①(1枚め)から番号順に編む。編み方記号図を参照し、くさり編み3目を作り目し、「くさり編み5目、長編み3目」をくり返して12段編み、糸を切る。
2. ②(2枚め)は①の要領で編むが、①に引き抜き編みでつなぎながら編み、最後の引き抜き編みは72ページを参照する。
3. ③(3枚め)は72ページを参照して②に糸をつけて編み始め、②に引き抜き編みでつなぎながら編む。
4. ④(4枚め)は②と同様に、⑤(5枚め)は③と同様に編み、糸の始末をする。

編み方参考ページ
- ブレード①＝P.39四角形のモチーフ
- ②以降の引き抜き編みのつなぎ方＝P.69
　　　　　　　　　　　　　ブリューゲル編み11～17
- 編み終わり、糸の始末＝P.41編み終わり、P.42糸の始末

ミニマット
サイズ 16.8cm×27.5cm
糸 オリムパスエミーグランデ＜ハウス＞　生成り(H2)25g
針 3/0号かぎ針　とじ針
ゲージ ブレード　幅2.4cm、11段＝10cm

編み方　糸は1本どり。
107ページの寸法と編み方記号図を参照し、ブレードはくさり編み3目を作り目し、「くさり編み5目、長編み3目」をくり返す。68ページの「ブリューゲル編み」を参照し、33段めの引き抜き編みでカーブを作り、35段めからは引き抜き編みで先に編んだブレードとつなぐ。同様にカーブを作りながらブレードをつなぎ、214段めまで編む。糸を切り、糸の始末をする。

編み方参考ページ
- 作り目～32段め＝P.39四角形のモチーフ
- 編み終わり、糸の始末＝P.41編み終わり、P.42糸の始末

コースター

寸法図
（ブレード）
淡茶、ベージュ各2枚　生成り1枚

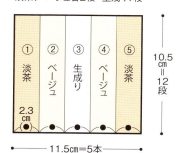

※○の数字はモチーフを編んでつなぐ順番

↙ ＝編み始め、または糸をつける
↗ ＝糸を切る
◯ ＝くさり編み(P.39)
● ＝引き抜き編み(P.45)
┬ ＝長編み(P.40)

編み方記号図とつなぎ方

ミニマット

寸法と編み方記号図

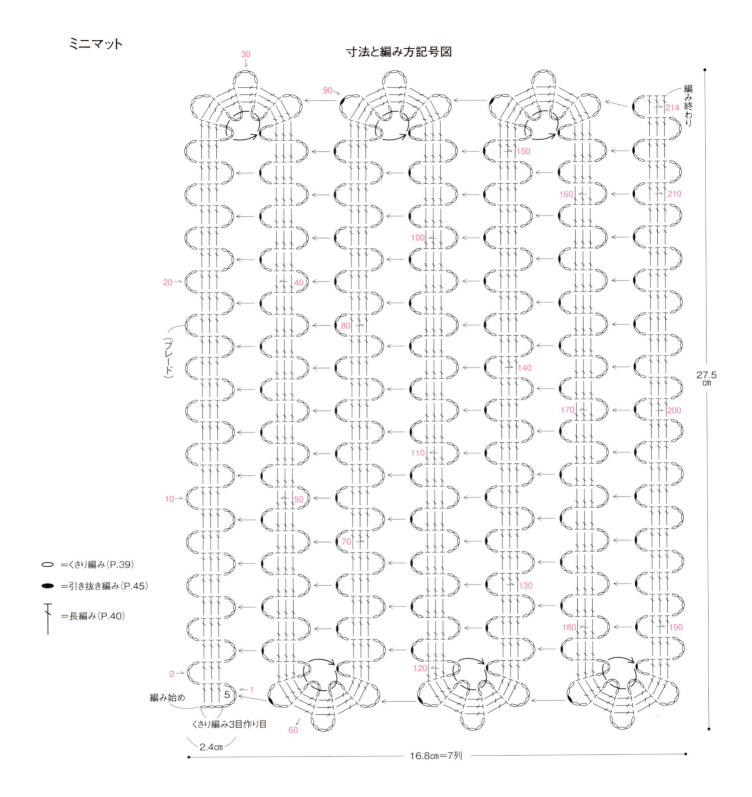

○ =くさり編み(P.39)
● =引き抜き編み(P.45)
↑ =長編み(P.40)

＊ハンカチのエジング …30ページ

a

- サイズ　27cm角
- 糸　オリムパスエミーグランデ　生成り(804)6g
- 針　0号レース針　とじ針
- その他　オリムパスエジングハンカチEH-11
  （白／約縦25cm×横25cm）1枚
- ゲージ　縁編み1段＝1cm

編み方　糸は1本どり。

1. 下準備を参照し、ハンカチのネットの数を確認する。
2. 74、75ページを参照し、ハンカチのまわりに縁編みを1段編みつけて糸を切り、糸の始末をする。

編み方参考ページ
・編み終わり、糸の始末＝P.41編み終わり、P.42糸の始末

下準備（ネット数の確認）
※ネット数が異なる場合は75ページ参照

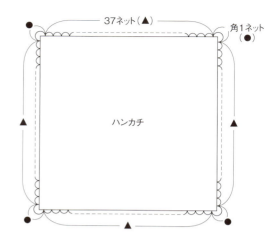

寸法図

編み方記号図

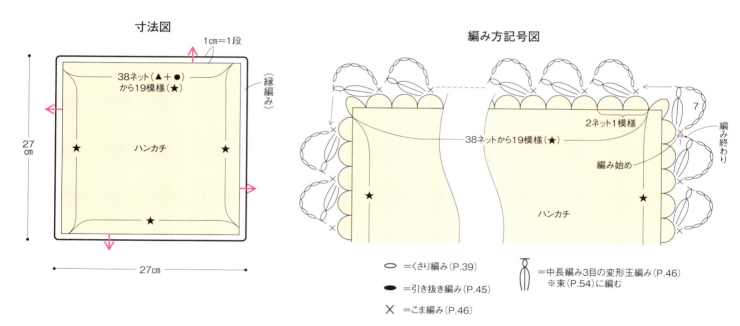

豆知識-9　編み目記号の見分け方　「目に編む」と「束に編む」

編み目記号には根元がついているものと、離れているものがあり、編みつけ方が異なることを示しています。

目に編む
根元がついている記号です（写真は中長編み3目の変形玉編み）。1目に針を入れて編みます。

束に編む
根元が離れている記号です（写真は中長編み3目の変形玉編み）。前段をそっくりすくって編みます。

b
サイズ 29cm角
糸 オリムパスエミーグランデ 白(801)10g
針 0号レース針 とじ針
その他 オリムパスエジングハンカチEH-11
 (白/約縦25cm×横25cm)1枚
ゲージ 縁編み2段=2cm

編み方 糸は1本どり。
1. 108ページの下準備を参照し、ハンカチのネットの数を確認する。
2. 74、75ページの要領で、ハンカチのまわりに縁編みを2段編みつけて糸を切り、糸の始末をする。

編み方参考ページ
・縁編み=P.57次の段への移り方、P.54束に編む
・編み終わり、糸の始末=P.41編み終わり、P.42糸の始末

寸法図

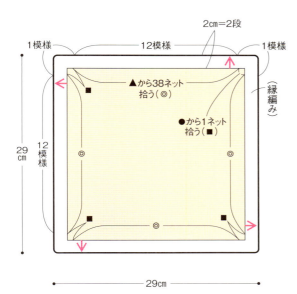

◯ =くさり編み(P.39)
⬬ =引き抜き編み(P.45)
× =こま編み(P.46)
T =中長編み(P.49)
Ŧ =長編み(P.40)
0 = くさり編み3目のピコット(P.59)の略
🌸 = くさり編み3目のピコット、5目のピコット、3目のピコットの略。
 連続で3回編む
 ※くさり編み3目のピコットの要領で、
  引き抜き編みはすべて長編みの頭に編む

編み方記号図

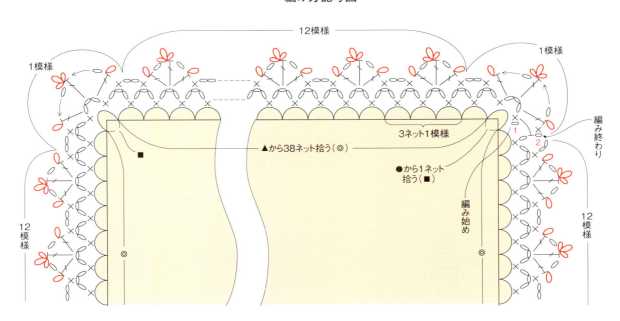

＊布製ストールのエジング …32ページ

サイズ 幅56cm 長さ175cm
糸 オリムパスエミーグランデ 生成り(804)25g
針 0号レース針 とじ針
その他 生成りのガーゼ58cm×171cm 生成りのミシン糸 縫い糸 ミシン 縫い針 待ち針
ゲージ 長編み 5目=2cm、12.5段=10cm

編み方 糸は1本どり。
1. 寸法図、編み方記号図、73ページの写真を参照し、10段めまで編む。
2. 11段め以降は1〜10段めをくり返し、71段めまで編んだら糸を切る。同じものを2枚編み、糸の始末をする。
3. 仕上げ方を参照し、①〜⑤の順に作り、ストールにする。

編み方参考ページ
・作り目〜10段め＝P.39四角形のモチーフ、P.54束に編む
・編み終わり、糸の始末＝P.41編み終わり、P.42糸の始末

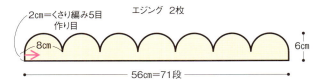

寸法図

仕上げ方の③〜④について

わかりやすいように色をかえていますが、実際には編み地に近い縫い糸を使い、返し縫いでストールに縫いつけます。待ち針は1模様に4カ所ぐらいとめて、編み地が動かないようにします。

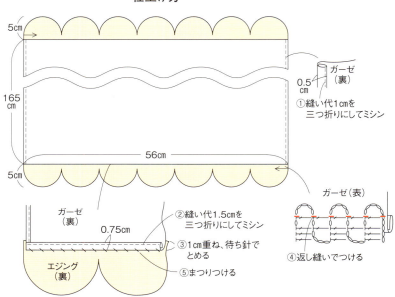

エジングの編み方記号図

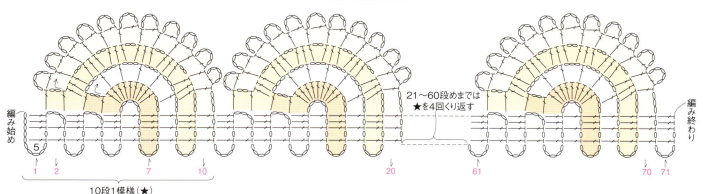

◯ ＝くさり編み(P.39)
┼ ＝長編み(P.40)

110

＊エジングのサンプル … 33ページ

a〜c
- サイズ(幅) a 6cm b 4.5cm c 3cm
- 糸 a オリムパスエミーグランデ 生成り(804) 15段で4.2g
  b オリムパス金票30番レース糸 白(801) 15段で2.2g
  c オリムパス金票70番レース糸 白(801) 15段で0.6g
- 針 a 0号レース針
  b 6号レース針
  c 12号レース針
- ゲージ 1模様(4段)=a 3.5cm b 2.7cm c 2cm

編み方 糸は1本どり。
くさり編み9目を作り目し、寸法と編み方記号図のように毎段、編み地の向きをかえて編む。

編み方参考ページ
P.39四角形のモチーフ、P.54束に編む

d〜f
- サイズ(幅) d 8.5cm e 7cm f 4.5cm
- 糸 d オリムパスエミーグランデ 生成り(804) 15段で3g
  e オリムパス金票30番レース糸 白(801) 15段で1.6g
  f オリムパス金票70番レース糸 白(801) 15段で0.4g
- 針 d 0号レース針
  e 6号レース針
  f 12号レース針
- ゲージ 1模様(6段)=d 5cm e 4cm f 2.5cm

編み方 糸は1本どり。
くさり編み7目を作り目し、寸法と編み方記号図のように毎段、編み地の向きをかえて編む。

編み方参考ページ
P.39四角形のモチーフ、P.54束に編む

寸法と編み方記号図

a〜c

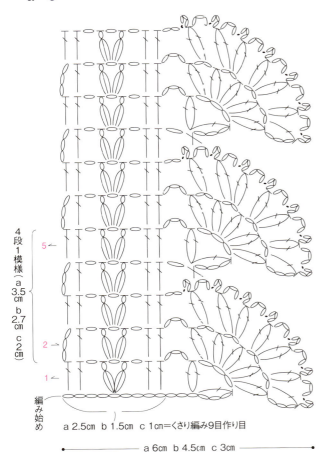

d〜f

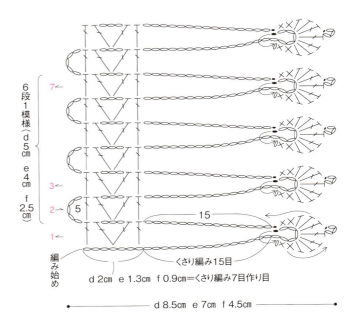

- ◯ =くさり編み(P.39)
- ● =引き抜き編み(P.45)
- × =こま編み(P.46)
- T =中長編み(P.49)
- 〒 =長編み(P.40)
- =くさり編み3目のピコット(P.59)
- =中長編み3目の変形玉編み(P.46)
  ※左は同じ目に、右は束(P.54)に編む
- =長編み2目の玉編み(P.88)
  ※左は同じ目に、右は束(P.54)に編む
- =間にくさり編み3目を編みながら、長編み2目編み入れる
  ※「長編み2目編み入れる」はP.45

河合真弓 Mayumi Kawai

ニットデザイナー。
ヴォーグ学園編物指導者養成校卒業。
ニットデザイナーとびないえいこ氏に師事し、アシスタントを経て独立。
ニット本、手作り関係の雑誌、毛糸メーカーなどで作品を発表。
著書に『編んでみたいな、アイリッシュ・クロッシェレース』
『とじ・はぎなし かんたんかわいいベビーのニット』(日本ヴォーグ社)、
『モチーフつなぎ50』(主婦の友社)ほか多数。

STAFF

ブックデザイン	堀江京子(netz.inc)
撮影	三好宣弘(RELATION)
プロセス撮影	中辻 渉
スタイリング	神野里美
製作協力	沖田喜美子 関谷幸子
トレース	安藤デザイン 白くま工房
編集	岡野とよ子(リトルバード)
編集デスク	朝日新聞出版 生活・文化編集部(森 香織)

素材、用具協力

オリムパス製絲株式会社
〒461-0018 名古屋市東区主税町4-92 Tel.052-931-6679
https://www.olympus-thread.com

チューリップ株式会社
〒733-0002 広島市西区楠木町4-19-8 Tel.082-238-1144
http://www.tulip-japan.co.jp

撮影協力店

AWABEES
UTUWA
TITLES

印刷物のため、作品の色は実物とは多少異なる
場合があります。

※この本の編み方についてお問い合わせは、
下記へお願いします。
リトルバード ☎03-5309-2260
受付時間 †3:00～16:00(土日・祝日はお休みです)

小さなモチーフでやさしくレッスン
はじめてのレース編み

2019年6月30日 第一刷発行
2023年4月30日 第二刷発行

著 者 河合真弓
発行者 片桐圭子
発行所 朝日新聞出版
〒104-8011 東京都中央区築地5-3-2
(お問い合わせ)infojitsuyo@asahi.com
印刷所 図書印刷株式会社

©2019 Mayumi Kawai
Published in Japan by Asahi Shimbun Publications Inc.
ISBN 978-4-02-333288-1

定価はカバーに表示してあります。
落丁・乱丁の場合は弊社業務部(☎03-5540-7800)へご連絡ください。
送料弊社負担にてお取り替えいたします。

本書および本書の付属物を無断で複写、複製(コピー)、引用することは著
作権法上での例外を除き禁じられています。また代行業者等の第三者に依
頼してスキャンやデジタル化することは、たとえ個人や家庭内の利用であっ
ても一切認められておりません。